Ausgewählt von Joachim Kahl und Peter Schütt

Das andere Weihnachtsbuch

Ein heiteres weltliches Buch zum Nachdenken,
Vorlesen und Verschenken

WELTKREIS

CIP-Kurztitelaufnahme der Deutschen Bibliothek

Das andere Weihnachtsbuch: e. heiteres weltl. Buch zum Nachdenken, Vorlesen u. Verschenken / ausgew. von Joachim Kahl u. Peter Schütt. – 2. Aufl. – Dortmund: Weltkreis, 1984.
ISBN 3-88142-304-4
NE: Kahl, Joachim (Hrsg.)

© 1983 Weltkreis-Verlags-GmbH
Postfach 789
4600 Dortmund 1
Alle Rechte vorbehalten
2., veränderte Auflage 1984
Umschlaggestaltung: (2. Aufl.): Rubach/Schröter, Dortmund
Lektorat: Jürgen Starbatty u. Hans van Ooyen
Bild- und Quellennachweis S. 236 ff.
Herstellung: Plambeck & Co Druck und Verlag GmbH, 4040 Neuss
Auflage: 5. 4. 3. 2.
ISBN 3-88142-304-4

Ausgewählt von Joachim Kahl und Peter Schütt

Das andere Weihnachtsbuch

Ein heiteres weltliches Buch zum Nachdenken,
Vorlesen und Verschenken

Weltkreis

INHALT

Maxim Gorki

VON EINEM KNABEN UND EINEM MÄDCHEN, DIE NICHT ERFROREN SIND

n den Weihnachtserzählungen ist es von alther üblich, jährlich mehrere arme Knaben und Mädchen erfrieren zu lassen. Der Knabe oder das Mädchen einer angemessenen Weihnachtserzählung steht gewöhnlich vor dem Fenster eines großen Hauses, ergötzt sich am Anblick des brennenden Weihnachtsbaumes in einem luxuriösen Zimmer und erfriert dann, nachdem es viel Unangenehmes und Bitteres empfunden hat.

Ich verstehe die guten Absichten der Autoren solcher Weihnachtserzählungen, ungeachtet der Grausamkeit, welche die handelnden Personen betrifft; ich weiß, daß sie, diese Autoren, die armen Kinder erfrieren lassen, um die reichen Kinder an ihre Existenz zu erinnern; aber ich persönlich kann mich nicht dazu entschließen, auch nur einen einzigen Knaben oder ein armes Mädchen erfrieren zu lassen, auch zu solch einem sehr achtbaren Zweck nicht.

Ich selbst bin nicht erfroren und bin auch nicht beim Erfrieren eines armen Knaben oder armen Mädchens dabeigewesen und fürchte, allerhand lächerliche Dinge zu sagen, wenn ich die Empfindungen beim Erfrieren beschreibe, und außerdem ist es peinlich, ein lebendes Wesen erfrieren zu lassen, nur um ein anderes lebendes Wesen an seine Existenz zu erinnern.

Das ist es, weshalb ich es vorziehe, von einem Knaben und einem Mädchen zu erzählen, die nicht erfroren sind.

Es war Heiligabend, ungefähr um sechs Uhr. Der Wind wehte und wirbelte hier und da durchsichtige Schneewölkchen auf. Diese kalten Wölkchen von nicht greifbarer Gestalt, schön und leicht wie zusammengeknüllter Mull, flogen überall umher, gerieten den Fußgängern ins Gesicht und stachen ihnen mit Eisnadeln in die Wangen, bestäubten den Pferden die Köpfe, die sie – warme Dampfwolken ausstoßend – laut wiehernd schüttelten. Die Telegrafendrähte waren mit Reif behängt, sie sahen wie Schnüre aus weißem Plüsch aus. Der Himmel war wolkenlos und funkelte von vielen Sternen. Sie glänzten so hell, als ob jemand sie zu diesem Abend mit Bürste und Kreide sorgfältig geputzt hätte, was natürlich unmöglich war.

Auf der Straße ging es laut und lebhaft her. Traber sausten dahin, Fußgänger kamen, von denen einige eilten, andere ruhig dahinschritten.

Dieser Unterschied lag sichtlich darin begründet, daß die ersteren etwas vorhatten und sich Sorgen machten oder keine warmen Mäntel besaßen, die letzteren aber weder Geschäfte noch Sorgen hatten und nicht nur warme Mäntel, sondern sogar Pelze trugen.

Dem einen dieser Leute, die keine Sorgen hatten und dafür Pelze mit üppigen Kragen, einem von diesen Herrschaften, die langsam und wichtig dahinschritten, rollten zwei kleine Lumpenbündel direkt vor die Füße und begannen, sich vor ihm herumdrehend, zweistimmig zu jammern.

„Lieber, guter Herr", klagte die hohe Stimme eines kleinen Mädchens. „Euer Wohlgeboren", unterstützte es die heisere Stimme eines Knaben. „Geben Sie uns armseligen Kindern etwas." – „Ein Kopekchen für Brot! Zum Feiertag!" schlossen sie beide vereint. Das waren meine kleinen Helden – arme Kinder: der Knabe Mischka Pryschtsch und das Mädchen Katjka Rjybaja.

Der Herr ging weiter; sie aber liefen behende vor seinen Füßen hin und her, wobei sie ihm beständig im Wege waren, und Katjka flüsterte, vor Aufregung keuchend, immer wieder: „Geben Sie uns doch etwas!" während Mischka sich bemühte, den Herrn soviel wie möglich am Gehen zu hindern. Und da, als er ihrer endlich überdrüssig geworden war, schlug er seinen Pelz auseinander, nahm sein Portemonnaie heraus, führte es an seine Nase und schnaufte. Darauf entnahm er ihm eine Münze und steckte sie in eine der sehr schmutzigen kleinen Hände, die sich ihm entgegenstreckten. Die beiden Lumpenbündel gaben augenblicklich dem Herrn im Pelz den Weg frei und fanden sich plötzlich in einem Torweg, wo sie eng aneinandergedrückt eine Zeitlang schweigend die Straße auf und ab blickten. „Er hat uns nicht gesehen, der Teufel!" flüsterte der arme Knabe Mischka, boshaft triumphierend.

„Er ist um die Ecke herum zu den Droschkenkutschern gegangen", antwortete seine kleine Freundin. „Wieviel hat er denn gegeben, der Herr?"

„Einen Zehner!" sagte Mischka gleichmütig.

„Und wieviel sind es jetzt im ganzen?"

„Sieben Zehner und sieben Kopeken!"

„Oh, schon soviel! . . . Gehen wir bald nach Hause? Es ist so kalt."

„Dazu ist noch Zeit!" sagte Mischka skeptisch. „Sieh zu, drängle dich nicht gleich vor; wenn dich die Polente sieht, packt sie dich und zaust dich . . . Dort schwimmt eine Barke! Los!"

Die Barke war eine Dame in einer Rotonde, woraus zu ersehen ist, daß Mischka ein sehr boshafter, unerzogener und älteren Leuten gegenüber unehrerbietiger Knabe war. „Liebe gnädige Frau", begann er zu jammern.

„Geben Sie etwas, um Christi willen!" rief Katjka.

„Drei Kopeken hat sie spendiert! Sieh mal an! Die Teufelsfratze!" schimpfte Mischka und schlüpfte wieder in den Torweg. Und die Straße entlang stoben nach wie vor leichte Schneewölkchen, und der kalte Wind wurde immer rauher. Die Telegrafenstangen summten dumpf, der Schnee knirschte unter den Schlittenkufen, und in der Ferne hörte man ein frisches, helles weibliches Lachen.

„Wird Tante Anfissa heute auch betrunken sein?" fragte Katjka, sich fester an ihren Kameraden schmiegend.

„Warum denn nicht? Warum sollte sie nicht trinken? Genug davon!" antwortete Mischka wichtig.

10

Der Wind wehte den Schnee von den Dächern und begann leise ein Weihnachtsliedchen zu pfeifen; irgendwo winselte eine Türangel. Darauf erklang das Klirren einer Glastür, und eine helle Stimme rief: „Droschke!"

„Laß uns nach Hause gehen!" schlug Katjka vor.

„Nun, jetzt fängst du noch an zu jammern!" fuhr der ernste Mischka sie an.

„Was gibt es denn schon zu Hause?"

„Dort ist's warm", erklärte sie kurz.

„Warm!" äffte er sie nach. „Und wenn sich wieder alle versammeln, und du mußt tanzen – ist es dann schön? Oder wenn sie dich mit Schnaps vollpumpen und dir wieder schlecht wird . . . und da willst du nach Hause!"

Er reckte sich mit dem Ausdruck eines Menschen, der seinen Wert kennt und von seiner richtigen Ansicht fest überzeugt ist. Katjka gähnte fröstelnd und hockte sich in einem Winkel des Torweges nieder.

„Schweig lieber . . . und wenn es kalt ist – halt aus . . . das schadet nichts. Wir werden schon wieder warm werden. Ich kenne das schon! Ich will . . ." Er hielt inne, er wollte seine Kameradin zwingen, sich dafür zu interessieren, was er wolle. Sie aber zeigte nicht das geringste Interesse und zog sich immer mehr zusammen. Da warnte Michka sie besorgt: „Paß auf, daß du nicht einschläfst, sonst erfrierst du! Katjuschka?"

„Nein, mir fehlt nichts", antwortete sie zähneklappernd. Wenn Mischka nicht dagewesen wäre, wäre sie vielleicht auch erfroren; aber dieser erfahrene Bursche hatte sich fest vorgenommen, sie an der Ausführung dieser in der Weihnachtszeit üblichen Tat zu hindern.

„Steh lieber auf, das ist besser. Wenn du stehst, bist du größer, und der Frost kann dich nicht so leicht bezwingen. Mit Großen kann er nicht fertig werden. Zum Beispiel die Pferde – die frieren niemals. Aber der Mensch ist kleiner als das Pferd . . . er friert . . . Steh doch auf! Wir wollen es bis zu einem Rubel bringen – und dann marsch nach Hause!"

Am ganzen Körper zitternd, stand Katjka auf.

„Es ist schrecklich kalt", flüsterte sie.

Es wurde in der Tat immer kälter, und die Schneewölkchen verwandelten sich nach und nach in herumwirbelnde dichte Knäuel. Sie drehten sich auf der Straße, hier als weiße Säulen, dort als lange Streifen lockeren Gewebes, mit Brillanten besät. Es war hübsch anzusehen, wenn solche Streifen sich über den Laternen schlängelten oder an den hellerleuchteten Fenstern der Geschäfte vorüberflogen. Dann sprühten sie als vielfarbige Funken auf, die kalt waren und die Augen mit ihrem Glanz blendeten. Obgleich alles schön war, interessierte es meine beiden kleinen Helden absolut nicht.

„Hu – hu!" sagte Mischka, indem er die Nase aus seiner Höhle hinausstreckte. „Da kommen sie geschwommen! Ein ganzer Haufen! . . . Katjka, schlaf nicht!"

„Gnädige Herrschaften!"begann das kleine Mädchen mit zitternder und unsicherer Stimme zu jammern, während es auf die Straße kullerte.

„Geben Sie uns ar-men . . . Katjuschka, lauf!" kreischte Mischka auf.

„Ach, ihr, ich werde euch", zischte ein langer Polizist, der plötzlich auf dem Bürgersteig erschienen war.

Aber sie waren bereits verschwunden. Sie waren wie zwei große zottige Knäuel fortgekullert und verschwunden.

„Sie sind fortgelaufen, die kleinen Teufel!" sagte der Polizist vor sich hin, lächelte gutmütig und blickte die Straße entlang.

Und die kleinen Teufel rannten und lachten aus vollem Halse. Katjka fiel immer wieder hin, weil sie sich in ihren Lumpen verwickelte, und rief dann: „Lieber Gott! Schon wieder . . ." und sah sich beim Aufstehen ängstlich lächelnd um.

„Kommt er hinterher?"

Mischka lachte, sich die Seiten haltend, aus vollem Halse und bekam einen Nasenstüber nach dem anderen, weil er fortwährend mit Vorübergehenden zusammenstieß. „Nun aber genug! Hol dich der Teufel! Wie sie herumkullert! Ach du dumme Trine! Plumps! Mein Gott, schon wieder plumpst sie hin, das ist ja zu komisch!"

Katjkas Hinfallen stimmte ihn heiter.

„Jetzt wird er uns nicht mehr einholen, sei nur ruhig! Er ist nicht schlecht, das ist einer von den guten . . . Der andere, der von damals, hat gleich gepfiffen . . . Ich renne los – und dem Polizisten direkt gegen den Bauch! Und mit der Stirn an seinen Knüppel . . ."

„Ich weiß noch, du bekamst eine Beule . . .", und Katjka lachte wieder hellauf.

„Nun, schon gut!" sagte Mischka ernst. „Du hast genug gelacht! Hör jetzt, was ich dir sage."

Sie gingen nun im bedächtigen Schritt ernster und besorgter Leute nebeneinanderher.

„Ich hab' dich belogen, der Herr hat mir zwei Zehner gegeben, und vorher habe ich dich auch belogen, damit du nicht sagen solltest, es sei Zeit, nach Hause zu gehen. Heute haben wir einen guten Tag! Weißt du, wieviel wir gesammelt haben? Einen Rubel und fünf Kopeken! Das ist viel."

„Ja-a-a!" flüsterte Katjka. „Für soviel Geld kann man sogar Schuhe kaufen . . . auf dem Trödelmarkt."

„Nun, Schuhe! Schuhe stehle ich für dich . . . warte nur . . . ich habe es schon lange auf ein Paar abgesehen . . . ich werde sie schon stibitzen. Aber weißt du was, wir wollen gleich in eine Schenke gehen . . . ja?"

„Tantchen wird wieder davon erfahren, und dann setzt

es was, wie das vorige Mal", sagte Katjka nachdenklich; aber in ihrem Ton klang schon Vorfreude auf die Wärme.

„Dann setzt es was? Nein, das wird nicht geschehen! Wir wollen uns eine Schenke suchen, wo uns niemand kennt."

„Ach so", flüsterte Katjka hoffnungsvoll.

„Also vor allem wollen wir ein halbes Pfund Wurst kaufen, das macht acht Kopeken; ein Pfund Weißbrot für fünf Kopeken. Das sind dreizehn Kopeken! Dann zwei Stück Kuchen zu drei Kopeken – das sind sechs Kopeken und im ganzen schon neunzehn Kopeken! Dann zahlen wir für zweimal Tee sechs Kopeken . . . das macht einen Fünfundzwanziger! Siehst du! Dann bleiben uns . . ."

Mischka schwieg und blieb stehen. Katjka schaute ihm ernst und fragend ins Gesicht.

„Das ist aber schon sehr viel", wiederholte sie schüchtern.

„Sei still . . . warte . . . Das macht nichts, es ist nicht viel, es ist sogar noch wenig. Dann essen wir noch was für acht Kopeken . . . dann sind es im ganzen dreiunddreißig! Essen wir drauflos! Ist ja Weihnachten. Dann bleiben . . . bei fünfundzwanzig Kopeken acht Zehner und bei dreiunddreißig etwas über sieben Zehner übrig! Siehst du, wie viel! Hat sie noch mehr nötig, die Hexe? . . . Hei! . . . Geh mal schneller!"

Sie faßten sich an den Händen und hopsten auf dem Bürgersteig weiter. Der Schnee flog ihnen ins Gesicht und in die Augen. Mitunter wurden sie von einer Schneewolke vollständig bedeckt; sie hüllte die beiden kleinen Gestalten in einen durchsichtigen Schleier, den sie in ihrem Streben nach Wärme und Nahrung rasch zerrissen.

„Weißt du", begann Katjka, vom schnellen Gehen keuchend, „ob du willst oder nicht, aber wenn sie es erfährt, werde ich sagen, daß du das alles . . . ausgedacht hast . . . Tu, was du willst! Du wirst schließlich fortlaufen . . . aber ich habe es schlechter . . . mich kriegt sie immer . . . und schlägt mich mehr als dich . . . sie mag mich nicht. Paß auf, ich werde alles sagen!"

„Nur zu, sag es nur!" nickte ihr Mischka zu. „Wenn sie uns auch durchprügelt – es wird schon wieder heilen. Das macht nichts . . . Sag es nur . . ."

Er war von Mut erfüllt und ging einher, pfeifend den Kopf zurückgeworfen. Sein Gesicht war schmal und seine Augen hatten einen unkindlich schlauen Ausdruck, seine Nase war spitz und ein wenig gebogen.

„Da ist sie, die Schenke! Es sind sogar zwei! In welche wollen wir gehen?"

„Los, in die niedrige. Und zuerst in den Laden . . . komm!"

Und nachdem sie im Laden alles, was sie sich vorgenommen, gekauft hatten, traten sie in die niedrige Schenke. Sie war voller Dampf und Rauch und einem sauren, betäubenden Geruch. Im dichten rauchigen Nebel saßen an den Tischen Droschkenkutscher, Landstreicher und Soldaten, zwischen den Tischen liefen unglaublich schmutzige Bediente umher, und alles schrie, sang und schimpfte. Mischka fand mit scharfem Blick in einer Ecke ein leeres Tischchen und ging geschickt lavierend darauf zu, nahm schnell seinen Mantel ab und begab sich zum Büfett. Schüchtern um sich blickend, begann nun Katjka ihren Mantel auszuziehen.

„Onkelchen", sagte Mischka, „kann ich zwei Glas Tee bekommen?" Und schlug gleich mit der Faust auf das Büfett.

„Tee möchtest du haben! Bitte sehr! Gieß dir selber ein, und hol dir auch selbst kochendes Wasser . . . Sieh aber zu, daß du nichts zerbrichst! Sonst werde ich dich . . ." Aber Mischka war schon nach dem heißen Wasser fortgerannt. Nach zwei Minuten saß er mit seiner Kameradin ehrbar am Tisch, im Stuhl zurückgelehnt, mit der wichtigen Miene eines Droschkenkutschers nach tüchtiger Arbeit – und drehte sich bedächtig eine Zigarette aus Machorka. Katjka schaute ihn voller Bewunderung für seine Haltung in einem öffentlichen Lokal an. Sie konnte sich noch gar nicht an den lauten, betäubenden Lärm der Schenke gewöhnen und erwartete im stillen, daß man sie beide „am Kragen nehmen" oder daß noch etwas Schlimmeres geschehen würde. Aber sie wollte ihre geheimen Befürchtungen nicht vor Mischka aussprechen und versuchte, indem sie ihr blondes Haar mit den Händen glättete, sich unbefangen und ruhig umzuschauen. Diese Bemühungen ließen ihre schmutzigen Backen immer wieder erröten, und sie kniff ihre blauen Augen verlegen zusammen. Aber Mischka belehrte sie bedächtig, bemüht, in Ton und Rede den Hausmann Signej nachzuahmen, der ein sehr ernster Mensch, wenn auch ein Trinker war und vor kurzer Zeit wegen Diebstahls drei Monate im Gefängnis gesessen hatte.

„Da bettelst du zum Beispiel . . . Aber wie du bettelst, das taugt nichts, offen gesagt, ‚Ge-e-eben Sie, ge-e-eben Sie uns etwas!' Ist denn das die Hauptsache? Du mußt den Menschen vor den Füßen sein, mach es so, daß er Angst hat, über dich zu fallen . . ."

„Ich werde das tun . . .", stimmte Katjka demütig zu.

„Nun, siehst du . . .", nickte ihr Kamerad gewichtig. „So muß es auch sein. Und dann noch eins: Wenn zum Beispiel Tante Anfissa . . . was ist denn diese Anfissa? Erstens eine Trinkerin! Und außerdem . . ."

Und Mischka verkündete aufrichtig, was Tante Anfissa außerdem noch war. Im vollen Einverständnis mit Mischkas Bezeichnung nickte Katjka mit dem Kopf.

„Du folgst ihr nicht . . . das muß man anders machen. Sage zu ihr: ‚Liebes Tantchen, ich werde brav sein . . . ich werde Ihnen gehorchen . . .' Schmier ihr also Honig ums Maul. Und dann tu, was du willst . . . So mußt du es machen . . ."

Mischka schwieg und kratzte sich gewichtig den Bauch, wie es Signej immer tat, wenn er zu reden aufhörte. Damit war sein Thema erschöpft.

Er schüttelte den Kopf und sagte: „Nun wollen wir essen."

„Ja, los!" stimmte Katjka bei, die schon längst gierige Blicke auf Brot und Wurst geworfen hatte.

Dann begannen sie ihr Abendessen zu verspeisen inmitten des feuchten, übelriechenden Dunkels der mit berußten Lampen schlecht beleuchteten Schenke, im Lärm zynischer Schimpfreden und Lieder. Sie aßen beide mit Gefühl, Verstand und Bedacht, wie echte Feinschmecker. Und wenn Katjka, aus dem Takt kommend, heißhungrig ein großes Stück abbiß, wodurch sich ihre Backen blähten und ihre Augen komisch hervortraten, brummte der bedächtige Mischka spöttisch: „Schau mal einer an, Mütterchen, wie du über das Essen herfällst!"

Das machte sie verlegen, und sie bemühte sich, beinahe erstickend, die wohlschmeckende Kost rasch zu zerkauen.

Nun, das ist auch alles. Jetzt kann ich sie ruhig ihren Weihnachtsabend zu Ende feiern lassen. Glauben Sie mir, sie werden nun nicht mehr erfrieren! Sie sind am richtigen Platz . . . Wozu sollte ich sie erfrieren lassen . . .? Meiner Meinung nach ist es äußerst töricht, Kinder erfrieren zu lassen, welche die Möglichkeit haben, auf gewöhnliche und natürliche Weise zugrunde zu gehen.

Alexander Puschkin

WINTERMORGEN

Erst gestern war es, denkst du daran?
Es ging der Tag zur Neige.
Ein böser Schneesturm da begann
und brach die dürren Zweige.

Der Sturmwind blies die Sterne weg,
die Lichter, die wir lieben.
Vom Monde gar war nur ein Fleck,
ein gelber Schein geblieben.

Und jetzt? So schau doch nur hinaus:
Die Welt ertrinkt in Wonne.
Ein weißer Teppich liegt jetzt aus.
Es strahlt und lacht die Sonne.

Wohin du siehst: Ganz puderweiß
geschmückt sind alle Felder.
Der Bach rauscht lustig unterm Eis.
Nur finster stehn die Wälder.

Heinrich Hoffmann von Fallersleben

OFFIZIELLES
WEIHNACHTSGESCHENK 1841

Freut euch alle, freut euch alle,
Lobet Gott mit Jubelschalle,
Der noch immer Wunder tut.
Das Zensuredikt das neue
Will, daß alle Welt sich freue –
Ach, wie ist es mild und gut.

Wie ein Stern aus finstrer Wolke
Kam es her zu unserm Volke
Und erschien als heil'ger Christ.
Freut euch, Kinder, Fraun und Greise!
Freut euch, Fromme, Klug und Weise!
Seht, wie gut und mild es ist.

Wollt ihr ferner euch beschweren?
Könnet ihr noch mehr begehren?
Querulanten, schweiget still!
Ja, wir dürfen alles sagen,
Alles wünschen, hoffen, klagen,
Alles – wenn's der Zensor will.

Heinrich Heine

ALTES KAMINSTÜCK

Draußen ziehen weiße Flocken
Durch die Nacht, der Sturm ist laut;
Hier im Stübchen ist es trocken,
Warm und einsam, stillvertraut.

Sinnend sitz' ich auf dem Sessel,
An dem knisternden Kamin,
Kochend summt der Wasserkessel
Längst verklungne Melodien.

Und ein Kätzchen sitzt daneben,
Wärmt die Pfötchen an der Glut;
Und die Flammen schweben, weben,
Wundersam wird mir zumut.

Dämmernd kommt heraufgestiegen
Manche längst vergeßne Zeit,
Wie mit bunten Maskenzügen
Und verblichner Herrlichkeit.

Schöne Fraun, mit kluger Miene,
Winken süßgeheimnisvoll,
Und dazwischen Harlekine
Springen, lachen, lustigtoll.

Ferne grüßen Marmorgötter,
Traumhaft neben ihnen stehn
Märchenblumen, deren Blätter
In dem Mondenlichte wehn.

Wackelnd kommt herbeigeschwommen
Manches alte Zauberschloß
Hintendrein geritten kommen
Blanke Ritter, Knappentroß.

Und das alles zieht vorüber,
Schattenhastig übereilt –
Ach! da kocht der Kessel über,
Und das nasse Kätzchen heult.

BRIEF AN MOSES MOSER

Verdammtes Hamburg 14. Dezember 1825

Theurer Moser! Lieber benebelter Mensch!

. . . Da sitz ich nun auf der Abcstraße, müde vom zwecklosen Herumlaufen, Fühlen und Denken, und darußen Nacht und Nebel und höllischer Spektakel, und groß und klein läuft herum nach den Buden, um Weihnachtsgeschenke einzukaufen. Im Grunde ist es hübsch, daß die Hamburger schon ½ Jahr im Voraus dran denken wie sie sich zu Weihnachten beschenken wollen. Auch du lieber Moser sollst dich über meine Knickrigkeit nicht beklagen können, und da ich just nicht den Gaffe bin und dir auch kein ordinäres Spielzeug kaufen will, so will ich Dir etwas ganz apartes zu Weihnachten schenken, nemlich das Versprechen: daß ich mich vor der Hand noch nicht totschießen will.

Wenn du wüßtest was jetzt in mir vorgeht, so würdest du einsehen daß dieses Versprechen wirklich ein großes Geschenk ist, und du würdest nicht lachen, wie du es jetzt thust, sondern du würdest so ernsthaft aussehen wie ich in diesem Augenblick aussehe . . .

Lebe wohl, schreib mir bald Antwort, und sei überzeugt daß ich dich liebe und sehr verdrießlich bin.

Dein ganzer Freund   H. Heine

Rosa Luxemburg

BRIEF AN SOPHIE LIEBKNECHT

Breslau, Mitte Dezember 1917

. . . genau vor einem Jahr waren Sie bei mir in Wronka, haben mir den schönen Weihnachtsbaum beschert . . . Heuer habe ich mir hier einen besorgen lassen, aber man brachte mir einen ganz schäbigen, mit fehlenden Ästen – kein Vergleich mit dem vorjährigen. Ich weiß nicht, wie ich darauf die acht Lichtlein anbringe, die ich erstanden habe. Es ist mein drittes Weihnachten im Kittchen, aber nehmen Sie es ja nicht tragisch. Ich bin so ruhig und heiter wie immer. Gestern lag ich lange wach – ich kann jetzt nie vor ein Uhr einschlafen, muß aber schon um zehn ins Bett – dann träume ich verschiedenes im Dunklen. Gestern dachte ich also: Wie merkwürdig das ist, daß ich ständig in einem freudigen Rausch lebe – ohne jeden besonderen Grund. So liege ich zum Beispiel hier in der dunklen Zelle auf einer steinharten Matratze, um mich im Hause herrscht die übliche Kirchhofstille, man kommt sich vor wie im Grabe, vom Fenster her zeichnet sich auf der Decke der Reflex der Laterne, die vor dem Gefängnis die ganze Nacht brennt. Von Zeit zu Zeit hört man nur ganz dumpf das ferne Rattern eines vorbeifahrenden Eisenbahnzuges oder ganz in der Nähe unter den Fenstern das Räuspern der Schildwache, die in ihren schweren Stiefeln ein paar Schritte langsam macht, um die steifen Beine zu bewegen. Der Sand knirscht so hoffnungslos unter diesen Schritten, daß die ganze Öde und Ausweglosigkeit des Daseins daraus klingt in die feuchte, dunkle Nacht. Da liege ich still allein, gewickelt in diese vielfachen schwarzen Tücher der

Finsternis, Langeweile, Unfreiheit des Winters – und dabei klopft mein Herz von einer unbegreiflichen, unbekannten inneren Freude, wie wenn ich im strahlenden Sonnenschein über eine blühende Wiese gehen würde. Und ich, ich lächle im Dunkeln dem Leben, wie wenn ich irgendein zauberhaftes Geheimnis wüßte, das alles Böse und Traurige Lügen straft und in lauter Helligkeit und Glück wandelt. Und dabei suche ich selbst nach einem Grund zu dieser Freude, finde nichts und muß wieder lächeln über mich selbst. Ich glaube, das Geheimnis ist nichts anderes als das Leben selbst, die tiefe nächtliche Finsternis ist so schön und weich wie Sammet, wenn man nur richtig schaut. Und in dem Knirschen des feuchten Sandes unter den langsamen schweren Schritten der Schildwache singt auch ein kleines schönes Lied vom Leben – wenn man nur richtig zu hören weiß . . .

Ach, Sonitschka, ich habe hier einen scharfen Schmerz erlebt; auf dem Hof, wo ich spaziere, kommen oft Wagen vom Militär, voll bepackt mit Säcken oder alten Soldatenröcken und Hemden, oft mit Blutflecken . . ., die werden hier abgeladen, in die Zellen verteilt, geflickt, dann wieder aufgeladen und ans Militär abgeliefert.

Neulich kam so ein Wagen, bespannt, statt mit Pferden mit Büffeln. Ich sah die Tiere zum erstenmal in der Nähe. Sie sind kräftiger und breiter gebaut als unsere Rinder, mit flachen Köpfen und flach abgebogenen Hörnern, die Schädel also unseren Schafen ähnlicher, ganz schwarz, mit großen, sanften Augen. Sie stammen aus Rumänien, sind Kriegstrophäen . . . die Soldaten, die den Wagen führten, erzählten, daß es sehr mühsam war, diese wilden Tiere zu fangen, und noch schwerer, sie, die an die Freiheit gewöhnt waren, zum Lastdienst zu benutzen. Sie wurden furchtbar geprügelt, bis daß für sie das Wort gilt „vae victis" . . . dazu bekommen sie, die an die üppige rumänische Weide gewöhnt waren, elendes und karges Futter. Sie werden schonungslos ausgenutzt, um alle möglichen Lastwagen zu schleppen, und gehen dabei rasch zugrunde. Vor einigen Tagen kam also ein Wagen mit Säcken hereingefahren, die Last war so hoch aufgetürmt, daß die Büffel nicht über die Schwelle bei der Toreinfahrt konnten. Der begleitende Soldat, ein brutaler Kerl, fing an derart auf die Tiere mit dem dicken Ende des Peitschenstiels loszuschlagen, daß die Aufseherin ihn empört zur Rede stellte, ob er denn kein Mitleid mit den Tieren hätte! „Mit uns Menschen hat auch niemand Mitleid!" antwortete er mit bösem Lächeln und hieb noch kräftiger ein . . . Die Tiere zogen schließlich an und kamen über den Berg, aber eins blutete . . .

Sonitschka, die Büffelhaut ist sprichwörtlich an Dicke und Zähigkeit, und die war zerrissen. Die Tiere standen dann beim Abladen ganz still erschöpft, und eins, das, welches blutete, schaute dabei vor sich hin mit einem Ausdruck in dem schwarzen Gesicht und den sanften schwarzen Augen, wie ein verweintes Kind. Es war direkt der Ausdruck eines Kindes, das hart bestraft worden ist und nicht weiß, wofür, weshalb, nicht weiß, wie es der Qual und der rohen Gewalt entgehen soll . . . ich stand davor, und das Tier blickte mich an, mir rannen die Tränen herunter . . .
Derweil tummelten sich die Gefangenen geschäftig um den Wagen, luden die schweren Säcke ab und schleppten sie ins Haus, der Soldat aber steckte beide Hände in die Hosentaschen, spazierte mit großen Schritten über den Hof, lächelte und pfiff leise einen Gassenhauer. Und der ganze herrliche Krieg zog an mir vorbei . . . Schreiben Sie schnell, ich umarme Sie, Sonitschka.

Ihre Rosa

Wladimir Majakowski

TANNENNADELN

Nein, bitte nicht, laßt!
Keine Weihnachtstanne
Nein, schickt den Vater nicht
in den Wald!
Mißtraut dem Wald
und dem bösen Manne,
der hinterm Wald Granatfäuste ballt.

Nein, es geht nicht.
Den Putz in blitzblanken Flittern
wollen wir heut
nicht in Watte betten.
Weil sonst Getroffene,
von tödlichen Splittern
Verwundete dort keine Watte hätten.

Nein, keine Kerzen.
Entsagt den Lichtern.
Vom Weltmeer steigen
die eisernen Drachen,
drin lauern Menschen
mit bösen Gesichtern,
ob Lichtlein in unsern Fenstern wachen.

Nein, sagt nicht,
der Weihnachtsmann solle kommen
mit seinem Sack
voll prächtiger Sachen.
Die Fabrik hat den Mann
in Beschlag genommen,
die Fabrik, wo sie Pulver und Kugeln machen.

Nein, keine Musik
wird diesmal erschallen.
Wie soll denn der armlose Musiker
fiedeln?
Und der Flötist
ist im Felde gefallen,
so mußt' er ins Himmelreich übersiedeln.

Nicht weinen. Was hilft's denn?
Verzeiht nicht das Mündchen!
Bald wird die dunkle Welt
sich entschleiern.
Bald muß alles anders werden,
ihr Kindchen.
Dann werdet ihr fröhliche Weihnachten feiern.

Ein Tannenbäumchen wird dastehn,
ein mächtiges,
behängt mit Schmuckzeug
im Überfluß.
Das wird ein Fest sein,
ein wunderprächtiges,
ergötzlich – fast bis zum Überdruß.

Klabund

BERLINER WEIHNACHT 1918

Am Kurfüstendamm, da hocken zusamm
Die Leute von heute mit großem Tamtam.
Brillanten mit Tanten, ein Frack mit was drin,
Ein Nerzpelz, ein Steinherz, ein Doppelkinn.
Perlen perlen, es perlt der Champagner.
Kokotten spotten: Wer will, der kann ja
Fünf Braune für mich auf das Tischtuch zählen . . .
Na, Schieber, mein Lieber? – Nee, uns kann's nicht fehlen.
Und wenn Millionen vor Hunger krepieren:
Wir wolln uns mal wieder amüsieren.

Am Wedding ist's totenstill und dunkel.
Kleines Baumes Gefunkel, keines Traumes Gefunkel.
Keine Kohle, kein Licht . . . im Zimmereck
Liegt der Mann besoffen im Dreck.
Kein Geld – keine Welt, kein Held zum Lieben . . .
Von sieben Kindern sind zwei geblieben,
Ohne Hemd auf der Streu, rachitisch und böse.
Sie hungern und fräßen ihr eignes Gekröse.
Zwei magre Nutten im Haustor frieren:
Wir wolln uns mal wieder amüsieren.

Es schneit, es stürmt. Eine Stimme schreit: Halt . . .
Über die Dächer türmt eine dunkle Gestalt . . .
Die Blicke brennen, mit letzter Kraft/
Umspannt die Hand einen Fahnenschaft.
Die Fahne vom neunten November, bedreckt,
Er ist der letzte, der sie noch reckt . . .
Zivilisten . . . Soldaten . . . tach tach tach . . .
Salvenfeuer . . . ein Fall vom Dach . . .
Die deutsche Revolution ist tot . . .
Der weiße Schnee färbt sich blutigrot . . .
Die Gaslaternen flackern und stieren . . .
Wir wolln uns mal wieder amüsieren.

Kurt Tucholsky

WEIHNACHTEN

So steh ich nun vor deutschen Trümmern
und sing mir still mein Weihnachtslied.
Ich brauch mich nicht mehr drum zu kümmern,
was weit in aller Welt geschieht.
Die ist den andern. Uns die Klage.
Ich summe leis, ich merk es kaum,
die Weise meiner Jugendtage:
    O Tannebaum!

Wenn ich so der Knecht Ruprecht wäre
und käm in dies Brimborium
– bei Deutschen fruchtet keine Lehre –
weiß Gott! ich kehrte wieder um.
Das letzte Brotkorn geht zur Neige.
Die Gasse grölt. Sie schlagen Schaum.
Ich hing sie gern in deine Zweige,
    o Tannebaum!

Ich starre in die Knisterkerzen:
Wer ist an all dem Jammer schuld?
Wer warf uns so in Blut und Schmerzen?
Uns Deutsche mit der Lammsgeduld?
Die leiden nicht. Die warten bieder.
Ich träume meinen alten Traum:
Schlag, Volk, den Kastendünkel nieder!
Glaub diesen Burschen nie, nie wieder!
Dann sing du frei die Weihnachtslieder:
    O Tannebaum! O Tannebaum!

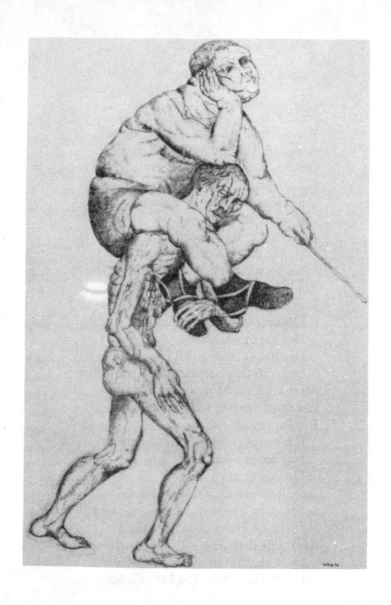

Kurt Tucholsky

EINKÄUFE

Was schenke ich dem kleinen Michel
zu diesem kalten Weihnachtsfest?
Den Kullerball? Den Sabberpichel?
Ein Gummikissen, das nicht näßt?
   Ein kleines Seifensiederlicht?
   Das hat er noch nicht.
   Das hat er noch nicht!
Wähl ich den Wiederaufbaukasten?
Schenk ich ihm noch mehr Schreibpapier?
Ein Ding mit schwarzweißroten Tasten;
ein patriotisches Klavier?
   Ein objektives Kriegsgericht?
   Das hat er noch nicht.
   Das hat er noch nicht!
Schenk ich den Nachttopf ihm auf Rollen?
Schenk ich ein Moratorium?
Ein Sparschwein, kugelig geschwollen?
Ein Puppenkrematorium?
   Ein neues gescheites Reichsgericht?
   Das hat er noch nicht.
   Das hat er noch nicht!
Ach, liebe Basen, Onkels, Tanten –
Schenkt ihr ihm was. Ich find es kaum.
Ihr seid die Fixen und Gewandten,
hängt ihrs ihm untern Tannenbaum.
   Doch schenkt ihm keine Reaktion!
   Die hat er schon. Die hat er schon!

Joachim Ringelnatz

SCHENKEN

Schenke groß oder klein,
aber immer gediegen!
Wenn die Bedachten die Gaben wiegen,
sei dein Gewissen rein.

Schenke herzlich und frei!
Schenke dabei,
was in dir wohnt
an Meinung, Geschmack und Humor,
so daß die eigne Freude zuvor
dich reichlich belohnt.

Schenke mit Geist ohne List!
Sei eingedenk,
daß dein Geschenk
du selber bist!

Walter Mehring

STILLE FÜRBITTE

Ich weiß, daß keiner mir weismacht,
Es wird Friede auf Erden sein.
Es läuten die heilige Weihnacht
Rudimente des Heidentums ein.
Wenn ich mich als Junge verguckte
In Christbaumgarnitur:
Das waren Surplusprodukte
Aus dem Mehrwert der Manufaktur.
Und wenn mans uns vorgelogen,
Knecht Ruprecht käme beschern,
So wurden wir heimlich erzogen
Zu Gruppencharakter'n.
Ich weiß, der Mensch tut anders, als er denkt!
Er unterdrückt noch, wenn er etwas schenkt.
Ich kenn das ja! Was ist nur das?
Ich wünsch mir was! Ich wünsch mir was!

Ich weiß, daß an den Trust-Herrn
Die Minderwertigkeit nagt;
Es sind, die die Gottheit lästern,
Von ihren Portiers geplagt.
Ich weiß, an kanadischen Fischseen
Begehrt man Laubsägekram;
Ich weiß, sobald sie zu Tisch gehn,
Sind selbst Anarchisten zahm.
Und die in Kneipen hocken,
Freibeuter der Moral,
Schickt Mutter ihnen Socken,
Dann werden sie sentimental.

Ich weiß, der Mensch tut anders, als er denkt.
Und auch der Misanthrop hofft, daß man ihn beschenkt.
Ich kenn das ja! Was ist nur das?
Ich wünsch mir was! Ich wünsch mir was!

Ich weiß, der einsame Denker
Träumt von der Morgenkritik;
Ich weiß, der Kommunehenker
Flennt noch bei Orgelmusik.
Daß einer ein Bankhaus schädigt,
Weil ihn ein Mädchen geneckt;
Daß einer Demut gepredigt,
Weil seine Verdauung defekt.
Für alle Illusionen
Sind Alltagsgräber bereit;
Selbst die im Himmel thronen,
Ödet die Seligkeit.

Der Mensch will anders, als er denkt,
Wär's nur ein Blick, nur daß man schenkt.
Wär's eine Hand nur, die ihn lenkt,
Und wär es nur ein Augennaß:
Er wünscht sich was! Er wünscht sich was!

Erich Mühsam

WEIHNACHTEN

Nun ist das Fest der Weihenacht,
das Fest, das alle glücklich macht,
wo sich mit reichen Festgeschenken
Mann, Weib und Greis und Kind bedenken,
wo aller Hader wird vergessen
beim Christbaum und beim Karpfenessen;
und groß und klein und arm und reich,
an diesem Tag ist alles gleich.
So steht's in vielerlei Varianten
in deutschen Blättern. Alten Tanten
und Wickelkindern rollt die Zähre
ins Taschentuch ob dieser Märe.
Papa liest's der Familie vor,
und alle lauschen und sind Ohr . . .
Ich sah, wie so ein Zeitungsblatt
ein armer Kerl gelesen hat.
Er hob es auf aus einer Pfütze,
daß es ihm hinterm Zaune nütze.

bei Courths-Mahler

bei Strindberg

bei Georg Kaiser

bei Zille

Erich Weinert

POST FESTUM!

Nun ist es Schluß mit dem Geschenkgeschiebe,
Vor lauter Stimmung ist man schon ganz krumm.
Bedarf gedeckt an Tannenduft und Liebe!
Man krempelt seine Seele wieder um.
Ja, omne animal post festum triste
Man holt mit einem wehen Abschiedsblick
Den letzten Strunk aus der Zigarrenkiste,
Und rechnet ab mit seinem Weihnachtsglück.

Noch rauchen leicht die letzten Christbaumtrümmer,
Es tropft die letzte Träne Stearin.
Es träumt das Grammophon im Nebenzimmer,
Das man vergessen, wieder aufzuziehn.
Ein dumpfes Grollen tönt aus allen Mägen,
Die alles zu verdaun sich heiß bemühn,
Worüber melancholisch Nadeln regnen;
Und manche Glatze färbt sich wieder grün.
Der Grog ist kalt und will sich nicht mehr leeren,
Die Erdbeerbowle sickert ins Klavier,
Es glimmen still, wo sie nicht hingehören,
Zigarrenstummel zwischen Schnaps und Bier.
Der Lautsprechtrichter spricht nur noch gebrochen;
Und nur die Eingeweide sprechen mit.
Sonst wird kein stimmungsvolles Wort gesprochen.
Und sanft darüber schwebt ein Defizit.

So kippt man langsam aus den Feiertagen
Gut bürgerlich zurück in sein Kontor,
Die Seele überfüllt und auch den Magen,
Und kommt sich ziemlich ausgemistet vor.
Der Strahl der Liebe hat uns hell geschienen.
Und war das Ende auch nicht ganz so schön:
Der Mensch kann nicht das ganze Jahr verdienen;
Er muß auch einmal seelisch in sich gehn!

Oskar Maria Graf

DIE WEIHNACHTSGANS

m Weihnachtstag gegen Viertel nach zehn Uhr in der Frühe ereignete sich in einem Gäßchen der Altstadt ein schier unglaublicher Vorfall: Leute, die vom Hochamt heimgingen und an dem Hause No. 18 vorüberkamen, blieben plötzlich starr stehen, glotzten wortlos in die Höhe und riefen gleicherzeit ein abgehacktes „Oho! Oho!" Im nächsten Augenblick bildeten sie einen heftig gestikulierenden, wild ineinander schimpfenden Ring.

„Also, tja! . . . Also, da hört sich doch alles auf! Also da – das ist denn doch . . .", plärrte der Metzgermeister Heinagl mit einer krachenden Stimme, wurde aber von den keifenden Weibern überschrien, so daß man nur noch zusammenhanglose Worte wie: „Unverschämtheit! . . . Niederträchtig! Glatt aufgehängt gehört . . .!" verstand. Nieder beugten sich die empörten Leute, nieder aufs Pflaster, und der Lärm wurde immer ärger.

„Andre wissen nicht, wo sie ein Stück Brot hernehmen sollen –!" rief eine helle Stimme bebend, und: „So eine Hundsbande, so eine miserablige! . . . Polizei!" überschmetterte sie Heinagl energisch. Aus den Fenstern der Häuser rechts und links von der Straße reckten sich Köpfe, und die Gesichter der Herabschauenden waren nicht weniger verdutzt und empört.

„Jaja, so was! . . . So was! Tja . . .!" riefen etliche baff, und ein Schimpfen und Streiten erfüllte die enge Gasse, Beleidigungen flogen herum wie aufgescheuchte Fledermäuse. Endlich kam ein Schutzmann im Eilschritt daher. Der Ring auf der Gasse zerteilte sich.

„Da! Da schaun S', Herr Wachtmeister! Also so eine Bande gehört doch glatt umgebracht!" erhitzte sich der Metzgermeister, und alle waren seiner Meinung.

Was war eigentlich geschehen? Kurz gesagt das: Jemand aus dem Haus No. 18 hatte eine wunderbar gerupfte, bratenfertige Gans aus dem Fenster geschmissen. Die lag jetzt, aufgeplatzt und leicht ramponiert, auf dem Pflaster. Eine Gans notabene, die – wie der Schutzmann in schneller Prüfung feststellte – absolut frisch, wunderbar zart und zum Anbeißen appetitlich war! Diese Kostbarkeit in einer Zeit wie der heutigen, wo Tausende elendiglich hungern müssen, die hatte jemand ganz mutwilligerweise, ganz aufreizend frech auf die Gasse geworfen!

Der Ring um den Schutzmann wurde immer größer und wilder. Vorne, von der breiten Straße kamen massenhaft Neugierige dahergerannt. Das Fragen, das Schimpfen und Plärren schwoll immer gefahrdrohender an. Der Schutzmann packte kurzerhand die nackte Gans an den zusammengebundenen Hinterschenkeln und trat martialisch in das Haus Numero 18. Eine gedrängte Menge Neugieriger folgte ihm.

„Ist etwa die Gans von Ihnen? Haben Sie . . .?" fragte der Schutzmann, die Gans hochhaltend, an der ersten Türe. Die dichten Leute hinter ihm schauten mit Fangaugen und wahren Lynchgelüsten auf die in der Tür Auftauchenden.

„Wir? . . . Ausgeschlossen: Wir wissen nichts!" war ungefähr die jedesmalige Antwort. Parterre konnte es nicht gewesen sein. Die Türen flogen krachend zu. Der Schutzmann mit den Schimpfenden stieg höher. Das ganze Stiegenhaus erfüllte sich mit dumpfem Grollen. Im ersten Stock, beim Steuerbeamten Wengerl, gab es ausnahmsweise Schweinsbraten, daneben, beim Zigarrenhändler Aubichler, roch man schon von weitem das Kraut, im zweiten und im dritten Stock war nichts Verdächtiges festzustellen oder zu erfragen, im vierten Stock . . .?

„Wohnt denn da überhaupt wer droben?" fragte er die hutzlige Kleinrentnerin Felbinger und schaute an den muffigen, rissigen Wänden hoch.

„Wohnen schon, jaja, Herr Wachtmeister, aber von dem wird's sicher nicht sein. Der ist ja schon über dreiviertel Jahr arbeitslos", meinte die Rentnerin. Schon wollte der Schutzmann unverrichteterdinge gehen, gab sich aber plötzlich einen Ruck und stieg ganz zum verwahrlosten Speicherbereich hinauf. Rechts auf der Türe hing eine Pappendeckeltafel: „Das Betreten des Speichers mit offenem Licht ist verboten!" Und links – ja, da war auch noch eine. Kein Klingelknopf, kein Namensschild des Inwohners, gar nichts. Etwas benommen standen die rebellischen Menschen auf der Stiege. Der Wachtmeister klopfte einmal, zweimal, klopfte zum drittenmal und sagte bissig, beamtenhaft scharf: „Aufmachen! Polizei!"

In der Tür erschien ein völlig verschlampter, zaundürrer Mensch mit verhedderten Bartstoppeln, hohlen, finsteren Augen und einem Gesicht wie abgenagt.

„Gehört vielleicht Ihnen die Gans? Haben Sie sie . . .?" fragte der Wachtmeister bedeutend unsicherer und hielt sie hin. Die hinter ihm Stehenden stockten atemlos, denn der Mann gab ohne Umschweife zu: „Jaja, ich hab die Gans nuntergeschmissen!" und bekräftigte sogar noch einmal: „Jawohl, ich!" Sekundenlang blieb es stockstill.

„Sie . . .? Was, Sie?!" faßte sich der Wachtmeister als erster und bekam eine härtere Miene: „Was ist denn jetzt das für ein Unfug!" Damit trat er durch die Türe, und die Leute drängten nach. Zuerst kam ein ganz schmaler, dunkler, nach Moder riechender Gang. Der Wachtmeister riß die zweite Tür auf, und es wurde heller. Da war eine kalte, fast leere Mansarde mit schrägen Wänden und einem dickgefrorenen Fenster, durch welches nur spärliches Licht fiel. Auf der einen Seite stand eine durchgesackte Metallbettstelle, darauf lag ein Berg von undefinierbaren Lumpen. Neben dem Bett stand ein einziger Stuhl, auf dem ein dreckiger voller Aschenbecher mit einer angerauchten kurzen Pfeife zu sehen war. Auf der anderen Seite befand sich ein runder, niederer, zersprungener eiserner Ofen, sonst nichts. Verkohlte Zeitungsfetzen, Tabakasche und abgebrannte Streichhölzer lagen auf dem Boden herum. Eine schmale Tür stand offen. Durch sie sah man in ein finsteres Loch, aus dem ein gleichmäßiges Wassertropfen drang.

„Wenn der Herr Wachtmeister sich vielleicht überzeugen wollen. Ich meine wegen dem Tatbestand. Da drinnen ist sozusagen meine Küche", deutete der Mann durch die dunkle Türe, und noch spöttischer setzte er dazu: „Ist ja weiter nicht interessant. Gas abgesperrt, das Elektrische abgesperrt, aber das Wasser rinnt noch . . . Ich hab leider kein Streichholz mehr, aber, bitte, wenn der Herr Wachtmeister vielleicht eins haben, bitte!"

Seine freche, ironische Sicherheit und die unerwartete trostlose Umgebung machten den Wachtmeister und die Leute sichtlich verlegen. Der Metzgermeister Heinagl zündete ein Streichholz an. Einige Neugierige reckten die Köpfe in das dunkle Loch. Nichts war drinnen als ein Ausguß mit einem tropfenden Wasserhahn. Auf dem Boden stand ein verrosteter Spiritusapparat und eine aufgerissene Schachtel mit fettigem Papier. Ein schrecklicher Gestank kam aus dem Loch.

„Pfui Teufel!" machte der Heinagl, und das abgebrannte Streichholz fiel ihm aus der Hand. Schnell verglomm es auf dem Boden.

„Woher haben Sie denn die Gans?" wandte sich der

Wachtmeister nach einer kurzen Pause wiederum an den Mann, und der verzog höhnisch den Mund.

„Woher ich die hab?" Ja, ich bin dazugekommen wie die dumme Jungfer zum Kind, Herr Wachtmeister . . . Ganz unverhofft!" fing der ungeniert keck zu erzählen an: „Weitschichtige Verwandte vom Land draußen haben mir damit was Gutes antun wollen. Grad vor einer Stund' hat die Post das Paket gebracht – Sie haben ja die Schachtel gesehn da drinne, oder?"

Der Wachtmeister nickte und machte eine abwehrende Geste, weil der Mann die Schachtel herausholen wollte.

„Hmhm, seltsam! Hmhm", machten etliche und wußten nichts weiter. „Jaja, seltsam, nicht wahr? Komisch, so was!" wandte sich der Mann an die Leute: „Aber was sollt' ich jetzt eigentlich mit diesem Vieh da machen? Mit jedem im Haus hab ich Feindschaft, der Hauswirt will mich schon lang rauswerfen. Holz hab ich keins, das Gas ist abgesperrt . . . Braten geht also nicht und roh, wissen Sie, roh . . ."

„Aber da wirft man doch nicht einfach die wertvolle Gans zum Fenster nunter!" unterbrach ihn der Schutzmann ein bißchen weniger streng: „So was in heutiger Zeit, das ist doch aufreizend! Das ist doch höherer Unfug! – Und außerdem – so ungeschickt schaun Sie doch nicht aus!" wurde er noch um eine Tonlage freundlicher und maß den zerschlampten Menschen: „Außerdem könnten Sie die Gans doch verkaufen oder wo braten lassen . . ."

„Verkaufen . . .? Hm, wem denn, Herr Wachtmeister? Wem denn am Weihnachtssonntag, wo sich doch jetzt jeder schon eingedeckt hat? . . . Bekannte hab ich nicht, und das müssen Sie doch zugeben, wenn unsereins mit so einer Gans daherkommt und bietet sie an – traut man dem vielleicht?" meinte der Mann lebhafter, aber schon sah er, daß etliche der Umstehenden die Gans mit Kennerblicken musterten, daß die Augen rundherum interessierter wurden. Der Wachtmeister erfaßte die Situation ebenso schnell und fragte geradeheraus: „Will von den Herrschaften vielleicht jemand die Gans kaufen?"

„Billig!" setzte der Besitzer dazu und versuchte gefroren zu lächeln. Dieses Stichwort wirkte augenblicklich. Schnüffelnd blickten die Leute auf die unerwartete Beute. Zögernd erst, dann aber immer ungenierter drängten sie sich heran, und jeder betappte die nackte, kalte Gans von allen Seiten.

„Ein fettes Bröckerl! . . . Was soll's denn kosten?" sagte der Heinagl, zunächst nur so, als sei er nicht allzu interessiert. Dabei schob er seine Hand unter die Gans und wog sie fachmännisch.

„Zehn Mark, meinetwegen!" sagte der Besitzer ahnungslos.

„Ich gebe elf! . . . Elf sofort!" mischte sich eine aufgedonnerte Frau ein und nestelte schon in ihrer Handtasche. Durch das lange Verweilen der Leute waren auch etliche Inwohner angelockt worden.

„Ich zahl Ihnen zwölf! . . . Zwölf! Mein letztes Wort!" rief der Zigarrenhändler Aubichler, und auf einmal wurde das Überbieten hurtiger.

„Da, Herr! Funfzehn von mir, da!" bot der Heinagl. Der Aubichler drängte sich vor und wurde herzhafter: „Herr Regler, wir sind doch Nachbarn! . . . Feindschaftlich stehn wir doch nicht miteinander . . . Da, ich geb Ihnen zwanzig! Meine Frau macht die Gans, und es soll auch was für Sie abfallen!" Er schnitt ein ungewöhnlich mildtätiges Gesicht und fing zu lamentieren an, warum er denn nichts gesagt habe, der Herr Regler, jetzt, wo Weihnachten ist, hätte man ihm doch geholfen. Das brachte den Heinagl in Harnisch. „Fünfundzwanzig, und mir muß sie g'hören!" überschrie er alle: „Fünfundzwanzig!" Und biderb log er weiter:

„Das ist gewiß ehrlich 'zahlt, aber lumpen will ich mich nicht lassen, Herr . . . Ihre acht, höchstens neun Pfund wiegt die Gans . . . Meiner Schätzung nach sogar weniger!"

„Weniger, ha! . . . Gut ihre zehn Pfund hat s', die Gans!" höhnte die aufgedonnerte Frau: „Herr, wenn Sie wollen . . . Ich zahl Ihnen siebenundzwanzig, und mitessen können S' auch!"

„Dreißig, Herrgott! Dreißig, damit Frieden ist! Da! Mir gehört sie, die Gans! Da, Herr Nachbar!" überbot Heinagl alle martialisch, streckte die Scheine hin und packte die Gans. Der Wachtmeister mußte dünn lachen. Der Mansardenbewohner Regler hielt die Scheine in der Hand und nickte.

„Da können Sie sich auch einen guten Tag machen, Herr Nachbar!" meinte der Heinagl und schaute ihn treuherzig an: „So bin ich durchaus nicht! Für einen armen Menschen hab ich all'weil ein Herz g'habt!".

„Na, also! . . . Sehn Sie, Herr Regler, es ist ja alles ganz gut 'gangen!" schloß der Wachtmeister. Die meisten Leute hatten trotzdem ärgerliche Gesichter und fühlten sich von Heinagl düpiert, aber sie folgten, als der Wachtmeister jetzt aus der Türe ging.

„Ihre zwölf Pfund wiegt die Gans sicher!" konnte sich der Aubichler nicht enthalten zu sagen, und die aufgedonnerte Frau stimmte ihm zu. Aber das hörte schon niemand mehr. Die Tür fiel zu. Über die knarrenden Treppen hinab tappten die vorhin noch so empörten Leute. –

Der Arbeitslose Regler machte sich auch wirklich einen guten Tag, und in der anderen Frühe schrieb er an seine mildtätigen Verwandten auf dem Lande den wahrheitsgetreuen Sachverhalt. Sehr ironisch lasen sich die Zeilen. Die Spender der Gans, die Apothekerseheleute Querlinger in Aglfing, waren empört darüber.

„Da hast du es wieder mit deiner Mildtätigkeit! . . . Lauter Lumpen, so arbeitsscheue Burschen! Was zu essen wollen sie gar nicht, bloß Geld zum Verjubeln!" grantelte der Apotheker seine Frau an. Sie schworen sich, nie mehr wieder auf die rührenden Reden über die Winterhilfe, die das Radio jeden Tag daherschmetterte, zu hören.

Der Metzgermeister Heinagl hingegen wog die Gans daheim sofort. Fast elf Pfund war sie schwer. Er pfiff beinahe lüstern durch die Zähne. Und als er später das Prachtstück wohlig verzehrte – am trauten Familientisch – da brach wirklich sein Herz durch.

„Herrgott, eine Not ist das, Zenzl! Eine Not heutigentags! . . . Man macht sich keinen Begriff davon!" beteuerte er. Seine kleinen Augen verschwammen dabei. Er hielt mit beiden Händen den fetten Gansschenkel. Rechts und links aus seinen malmenden Mundwinkeln rann der köstliche Saft . . .

Bertolt Brecht

DIE GUTE NACHT

Der Tag, vor dem der große Christ
Zur Welt geboren worden ist
War hart und wüst und ohne Vernunft.
Seine Eltern, ohne Unterkunft
Fürchteten sich vor seiner Geburt
Die gegen Abend erwartet wurd.

Denn seine Geburt fiel in die kalte Zeit.
Aber sie verlief zur Zufriedenheit.
Der Stall, den sie doch noch gefunden hatten
War warm und mit Moos zwischen seinen Latten
Und mit Kreide war auf die Tür gemalt
Daß der Stall bewohnt war und bezahlt.
So wurde es doch noch eine gute Nacht
Auch das Heu war wärmer, als sie gedacht.
Ochs und Esel waren dabei
Damit alles in der Ordnung sei.
Eine Krippe gab einen kleinen Tisch
Und der Hausknecht brachte ihnen heimlich einen kleinen
Fisch.
(Denn es mußte bei der Geburt des großen Christ
Alles heimlich gehen und mit List.)
Doch der Fisch war ausgezeichnet und reichte durchaus
Und Maria lachte ihren Mann wegen seiner Besorgnis aus
Denn am Abend legte sich sogar der Wind
Und war nicht mehr so kalt, wie die Winde sonst sind.
Aber bei Nacht war er fast wie ein Föhn.
Und der Stall war warm und das Kind war sehr schön:
Und es fehlte schon fast gar nichts mehr
Da kamen auch noch die Dreikönig daher!
Maria und Joseph waren zufrieden sehr.
Sie legten sich sehr zufrieden zum Ruhn
Mehr konnte die Welt für den Christ nicht tun.

Thomas Stearns Eliot

DIE REISE AUS DEM MORGENLAND

Wohl einen kalten Anweg hatten wir,
War grad die schlimmste Zeit im Jahr
Für eine Reise, eine so lange Reise:
Die Wege tief, das Wetter harsch,
Mitten im ärgsten Winter.
Und die Kamele fußkrank, wundgelaufen, mürrisch,
Legten sich in den Schnee, der ringsum schmolz.
Es gab Zeiten, da uns die Sommerpalais reuten
In den Berglehnen, die Terrassen, und der Sorbet,
Kredenzt von seidnen Mädchen.
Dann die Kameltreiber, fluchend und schimpfend,
Die uns durchbrannten, sie wollten was zu trinken sehn
                                   und Weiber;
Und die Nacht-Feuer, die ausgingen, und fast nie ein
                                   Obdach,
Und die Städte feindselig, die Flecken unfreundlich,
Die Dörfer verschmutzt und überteuert:
Wohl kam uns die Zeit schwer an.
Zum Schluß reisten wir lieber übernacht,
Nur ab und an schlafend,
Mit den Stimmen, die uns im Ohr sangen,
Daß all dies Unsinn sei.

Dann, im Morgengraun, stiegen wir in ein Tal ab,
Taufeucht unter der Schneezone; es grunelte,
Und war ein flinker Bach da und ein Mühlrad, das
                                   Dunkel stampfend,
Am Himmelsrand drei Bäume,
Und ein alter weißer Gaul stob im Galopp über die Wiese.

Dann kamen wir an eine Schenke mit Weinlaub überm
Türsturz,
Sechs Hände an der offnen Tür, würfelnd um Silberlinge,
Und leere Weinschläuche, Fußtritte fangend.
Doch es gab keine Auskunft und wir zogen weiter
Und trafen am Abend ein, fanden den Ort,
Kamen noch grad zurecht; und es ging (darf man sagen)
gut ab.

All das liegt weit zurück, ich erinnre mich,
Und würd es wieder tun, doch schreibt
Dies schreibt nieder
Dies: Wurden wir den weiten Weg geführt
Zu Tod oder Geburt? Sicher, da war eine Geburt, wir
hatten die Gewähr
Und waren frei von Zweifel. Mir war Geburt und Tod
vertraut,
Doch hatte ich sie für Verschiedenes gehalten, diese
Geburt war uns
Ein harter, bittrer Heimgang, so wie ein Tod, wie unser
Tod.
Wir kehrten wiederum an unsern Ort, in diese
Königreiche,
Doch nimmermehr getrost hier in dem Alten Bund,
Über ein fremdes Volk, das seinen Göttern anhängt.
Ich wäre froh um einen neuen Tod.

Nazim Hikmet

VORGESCHICHTE

Wir kommen weit her,
    sehr weit her . . .
Wir haben noch immer
    das Schwirren der Steinschleudern im Ohr.
Die Grenzen der Bergeinöden und Wälder,
gesäumt mit blutigen Tiergerippen,
vom Wiehern wilder Hengste erfüllt,
    sind das Ende des Wegs, den wir kamen.

Doch fruchtbar,
wie der schwere schwangere Leib
einer breithüftigen jungen Mutter,
ist das in unseren Trinkkübeln schaukelnde
     Wasser.

Wir kommen weit her.
  Das Leder unserer Stiefel
    riecht nach verbranntem Fleisch.
Aufgeschreckt
  vom Heil unserer Schritte,
    erheben die blutigen, dunklen Jahre sich
      wie geflügelte Urtiere
        in die Luft.
Und in der Finsternis flammt
    der gespannte Arm unsres Anführers
      wie ein feuriger Pfeil . . .

Wir kommen weit her,
  sehr weit her . . .
Die Bindung zur fernen Vergangenheit
  verloren wir nicht,
noch immer ruft unser Erbteil uns
das Beil, das auf Bedreddins Nacken fiel,
  ins Gedächtnis zurück.
Wir waren in Ankara bei der Handwerkerbruderschaft,
wir wissen, welchem Lehrer zuliebe
wir die behaarte Brust den Heeren des Sultans boten . . .

Wir kommen weit her
und tragen als Flammenlüster
Galileis runden Schädel wie einen sich drehenden Erdball
  auf unseren Händen.
Auf unseren Adlernasen
  findet die Brille
des materialistischen Glasschleifers Spinoza
  ihren würdigen Platz.

Wir kommen weit her,
  sehr weit her . . .
Und es kommt die Zeit,
da stecken wir unser Haar in Brand
und legen der Finsternis Feuer ins Haus.
Mit den Köpfen der Kinder zerschlagen wir
  der Dunkelheit Wand . . .
Und die nach uns kommen, sollen nie mehr
durch Eisengitter, sondern aus hängenden Gärten sehen
die Frühlingsfrühen, die Sommernächte im Land.

Else Lasker-Schüler

GEBET

Ich suche allerlanden eine Stadt,
Die einen Engel vor der Pforte hat.
Ich trage seinen großen Flügel
Gebrochen schwer am Schulterblatt
Und in der Stirne seinen Stern als Siegel.

Und wandle immer in die Nacht . . .
Ich habe Liebe in die Welt gebracht –
Daß blau zu blühen jedes Herz vermag,
Und hab ein Leben müde mich gewacht,
In Gott gehüllt den dunklen Atemschlag.

O Gott, schließ um mich deinen Mantel fest;
Ich weiß, ich bin im Kugelglas der Rest,
Und wenn der letzte Mensch die Welt vergießt,
Du mich nicht wieder aus der Allmacht läßt
Und sich ein neuer Erdball um mich schließt.

Langston Hughes

EIN HEILIGABEND

Das farbige Dienstmädchen Arcie war schrecklich müde, als sie, über den heißen Herd gebeugt, das Abendessen kochte. Heute hatte sie zwischen den Mahlzeiten das ganze Haus für die weiße Familie, bei der sie arbeitete, sauber gemacht, damit zum morgigen Weihnachtstag alles fertig war. Jetzt schmerzte sie der Rücken, und der Kopf tat ihr weh vor Müdigkeit. Nun, sie würde ja bald gehen – wenn nur die Frau und die Kinder zum Essen nach Hause kämen. Sie waren unterwegs, um immer noch mehr Sachen für den Tannenbaum einzukaufen, der geputzt, mit Flittergold behangen und prächtig anzuschauen im Wohnzimmer stand und darauf wartete, daß seine Kerzen angezündet würden.

Arcie wünschte, sie könnte für Joe einen Baum erschwingen. Er hatte noch nie einen gehabt, und es ist doch so schön für ein Kind, Weihnachten ein Bäumchen zu haben. Joe wurde bald sechs. Arcie starrte auf den Braten im Ofen der Weißen und machte sich Gedanken, wieviel sie heute abend für Spielsachen ausgeben könne. Sie bekam nur sieben Dollar die Woche; vier mußte sie der Wirtin für das Zimmer bezahlen und dafür, daß sie jeden Tag auf Joe aufpaßte, während sie, Arcie, arbeitete.

Gott, es ist schwieriger, als man sich vorstellt, ein Kind aufzuziehen, dachte Arcie.

Sie blickte nach der Uhr auf dem Küchentisch. Nach sieben. Was machte die Weißen nur so verdammt rücksichtslos? Warum bloß kamen sie nicht nach Hause zum Abendbrot? Sie wußten doch, daß sie gehen wollte, bevor alle Geschäfte schlossen. Ihr blieb ja keine Zeit, für Joe etwas zu besorgen, wenn sie sich nicht beeilten. Und ihre Wirtin wollte wahrscheinlich auch einkaufen gehen und nicht länger den kleinen Joe auf dem Halse haben.

„Verdammt!" sagte Arcie vor sich hin. „Wenn ich mein Geld schon hätte, würde ich das Abendessen auf dem Herd stehenlassen. Ich muß es einfach noch schaffen, bevor die Läden zumachen." Aber sie hatte ihr Geld für die Woche noch nicht. Die Frau hatte versprochen, am Heiligabend zu zahlen, ein oder zwei Tage früher als sonst.

Arcie hörte eine Tür zuschlagen, dann Schwatzen und Lachen vorn im Haus. Sie lief aus der Küche und sah, wie sich die Frau und die Kinder den Schnee von den Mänteln klopften.

„Umm-mm! Es ist prima zum Heiligabend", sagte eines der Kinder zu Arcie. „Es schneit wie verrückt, Mutter wäre beinahe bei rotem Licht weitergefahren. Man kann kaum sehen vor Schneeflocken. Prima!"

„Das Abendbrot ist fertig", sagte Arcie. Sie dachte daran, daß sie mit ihren Schuhen im Schnee schlecht gehen konnte.

Es schien, als ließen sich die Weißen heute so viel Zeit wie nur irgend möglich zum Essen. Während Arcie das Geschirr spülte, kam die Frau mit dem Geld.

„Arcie", sagte die Frau, „es tut mir leid, aber würde es dir was ausmachen, wenn ich dir heute abend nur fünf Dollar gebe? Die Kinder haben mit ihren Geschenkeinkäufen und allem dafür gesorgt, daß ich knapp an Kleingeld bin."

„Ich möchte gern sieben", sagte Arcie. „Ich brauche sie."

„Tja, sieben habe ich einfach nicht", sagte die Frau. „Ich

habe auch nicht gewußt, daß du das ganze Geld noch vor Ende der Woche haben wolltest. Ich kann es wirklich nicht erübrigen."

Arcie nahm die fünf. Als sie aus der warmen Küche kam, packte sie sich ein, so gut sie konnte, und hetzte zu dem Haus, wo sie ein Zimmer zur Miete hatte, um Joe zu holen. Wenigstens konnte er sich in der Stadt die Weihnachtsbäume in den Schaufenstern ansehen.

Die Wirtin, eine starke, helle Farbige, hatte schlechte Laune. Sie sagte zu Arcie: „Ich dachte, Sie kämen zeitig nach Hause und holten den Jungen. Sie müßten doch wissen, daß ich auch gelegentlich mal weggehen will."

Arcie erwiderte nichts, denn hätte sie etwas gesagt, so hätte ihr die Wirtin wahrscheinlich an den Kopf geworfen, daß sie nicht danach bezahlt würde, um Tag und Nacht auf das Kind aufzupassen.

„Komm, Joe", sagte Arcie zu ihrem Sohn. „Wir wollen auf die Straße gehen."

„Stimmt es, daß der Weihnachtsmann in der Stadt ist?" sagte Joe und zwängte sich in seinen abgetragenen kleinen Mantel. „Ich möchte ihn gern sehen."

„Weiß nichts davon", sagte seine Mutter, „aber beeil dich und zieh die Gummischuhe an. Die Geschäfte machen gleich zu."

Es waren sechs oder acht Straßen bis zum Geschäftsviertel. Sie stapften durch den fallenden Schnee, beide froren ein wenig. Aber wie schön war der Schnee! In der Hauptstraße baumelten strahlende rote und blaue Lampen. Vor dem Rathaus stand ein Weihnachtsbaum – aber es waren keine Geschenke daran, nur Lichter. In den Schaufenstern lag Spielzeug in Hülle und Fülle – zum Verkauf.

Joe hörte nicht auf mit seinem „Mama, ich möchte . . ."

Aber die Mutter lief weiter. Es war fast zehn, Ladenschlußzeit, und Arcie wollte für Joe ein Paar billige Hand-

schuhe und etwas Warmes zum Anziehen und auch ein oder zwei Spielsachen kaufen. Sie hoffte, sie käme vielleicht an einem Ramschladen vorbei, der Kindersachen hätte. Und in dem Zehn-Cent-Laden könnte sie das Spielzeug kriegen.

„Oh! Sieh mal . . .", rief Joe unaufhörlich und zeigte auf die Sachen in den Auslagen. Wie warm und freundlich die Lichter und die Läden und die Leuchtreklame durch das Schneegestöber aussahen.

Die Fausthandschuhe und die anderen Sachen kosteten Arcie mehr als einen Dollar. Bei A. & P. kaufte Arcie eine große Schachtel harte Bonbons für neunundvierzig Cent. Und dann schob sie sich mit Joe durch die Menge auf der Straße, bis sie zu dem Zehn-Cent-Laden gelangten. Kurz vor dem Geschäft kamen sie an einem Kino vorbei. Joe sagte, er wolle reingehen, die Filme ansehen.

Arcie sagte: „Ba, ba! Nein, mein Junge. Hier sind wir nicht in Baltimore, wo es auch Vorstellungen für Farbige gibt. In diesen kleinen Städten hier lassen sie Farbige nicht rein. Wir können da nicht rein."

„Ach", sagte Joe.

Im Zehn-Cent-Laden drängten sich fürchterlich viele Menschen. Arcie ermahnte Joe, draußen zu bleiben und auf sie zu warten. In dem vollen Geschäft auf ihn aufzupassen, das wäre ja was! Außerdem wollte sie ihn auch nicht sehen lassen, was sie für Spielzeug kaufte. Das sollte morgen eine Überraschung vom Weihnachtsmann werden.

Joe stand draußen vor dem Zehn-Cent-Laden im Licht und im Schnee, viele Leute gingen vorüber. Uih, Weihnachten war schön! Lauter Flimmer und Sterne und Watte. Und der Weihnachtsmann kam von irgendwoher und steckte schöne Sachen in die Strümpfe. Und alle Leute in den Straßen schleppten Pakete, und die Kinder sahen fröhlich aus.

Aber Joe wurde es bald müde, nur so vor dem Zehn-Cent-Laden zu stehen und nachzudenken und zu warten. Es gab in den anderen Schaufenstern noch so viel zu bestaunen. Er ging ein Stückchen die Straße entlang und dann noch ein Stückchen, lief und guckte. Er ging schließlich so weit, bis er zu dem Kino der Weißen kam.

In der Vorhalle des Theaters, hinter den Glastüren, war es warm und schrecklich fein, alles erstrahlte im Licht. Joe blieb stehen und schaute hinein, und wie er so guckte, erkannte er unter Palmenzweigen und fliegenden farbigen Bändern und den Leuchtsternen der Vorhalle einen wunderbaren glänzenden Weihnachtsbaum. Daneben stand – umringt von Kindern und Erwachsenen, alles Weiße natürlich – ein großer, freundlicher Mann in Rot. Oder war es kein Mensch? Joe riß die Augen weit auf. Nein, auf keinen Fall war es ein Mensch. Das war der Weihnachtsmann!

Der kleine Joe stieß eine der Glastüren auf und rannte in die Vorhalle des Kinos der Weißen. Stracks lief er durch die Menge und postierte sich so, daß er den Weihnachtsmann gut sehen konnte. Der teilte Gaben aus, kleine Geschenke für Kinder, Schachteln mit tierförmigem Gebäck und Lutschbonbons. Und hinter ihm am Baum hing ein großes Schild, das Joe natürlich nicht lesen konnte; darauf stand: Unseren kleinen Besuchern ein frohes Fest! Der Weihnachtsmann. Rings in der Vorhalle waren noch mehr Plakate: Besuchen Sie nach der Vorstellung mit Ihren Kindern unseren Weihnachtsmann. Und ein anderes Schild verkündete: Das GEM-Theater erfreut seine Gäste – besuchen Sie unseren Weihnachtsmann.

Und dort war nun der Weihnachtsmann in rotem Anzug und weißem Bart, über und über betupft mit glitzernden Schneeflocken, umgeben von Klappern und Trommeln und Schaukelpferden, aber die verschenkte er nicht. Doch die Schilder darüber erklärten (hätte sie Joe lesen können), daß sie am ersten Weihnachtstag auf der Bühne den glücklichen Gewinnern überreicht würden. Heute abend teilte der Weihnachtsmann nur Bonbons, Lutscher und Kekstiere an die Kinder aus. Joe wollte entsetzlich gern einen Lutscher haben. Er rückte an den Weihnachtsmann heran, bis er wirklich genau vor allen anderen stand. Und dann bemerkte der Weihnachtsmann den kleinen Joe.

Warum eigentlich grinsen die meisten Weißen immer, wenn sie ein Negerkind sehen? Der Weihnachtsmann grinste. Jedermann grinste und blickte auf den kleinen schwarzen Joe – der in der Vorhalle eines Theaters für Weiße nichts zu suchen hatte. Dann bückte sich der Weihnachtsmann und suchte verstohlen eine der zu gewinnenden Klappern, eine gewaltige, starke, laute Blechklapper, wie man sie beim Tingeltangel verwendet. Und er schlug sie grimmig, direkt auf Joe zu. Das war ein Spaß; die Weißen lachten, die Kinder und alle anderen. Aber der kleine Joe lachte nicht. Er fürchtete sich. Während die gewaltige Klapper dröhnte, machte er kehrt und flüchtete aus der warmen Vorhalle des Kinos hinaus auf die Straße, wo Schnee war und wo die Leute vorbeieilten. Von dem Gelächter erschreckt, hatte er zu weinen begonnen. Er suchte die Mama. Im Grunde seines Herzens hatte er sich niemals vorgestellt, daß der Weihnachtsmann gewaltige Klappern schlug, so auf Kinder zu, und dann lachte. In dem Gewimmel auf der Straße nahm er die falsche Richtung. Er fand weder den Zehn-Cent-Laden noch seine Mutter. Zu viele Leute waren unterwegs, alles Weiße, die sich wie weiße Schatten im Schnee bewegten, eine Welt von weißen Leuten. Joe dauerte es schrecklich lange, bis er endlich Arcie entdeckte, schwarz, besorgt; sie schob sich durch die vorüberflutende Menge und packte ihn. Obwohl sie die Arme voller Päckchen hatte, bekam sie es fertig, ihn mit einer freien Hand zu schütteln.

„Warum bleibst du nicht dort, wo ich dich hinstelle?" fragte sie laut. „Müde, wie ich schon bin, muß ich noch abends durch alle Straßen laufen und dich suchen. Ich könnte dich auf der Stelle verprügeln."

Als Joe auf dem Nachhauseweg wieder zu Atem kam, erzählte er seiner Mama, daß er in dem Kino war.

„Aber der Weihnachtsmann gab mir nichts", sagte Joe unter Tränen. „Er kam mit so viel Lärm auf mich zu, da bin ich rausgerannt."

„Geschieht dir recht", sagte Arcie, durch den Schnee watend. „Du hattest dort nichts verloren. Als ich wegging, hab ich dir gesagt, du solltest warten."

„Aber ich hab den Weihnachtsmann dort drin gesehen", sagte Joe, „da bin ich reingegangen."

„Huh! Das war gar nicht der Weihnachtsmann", sagte Arcie. „Wenn er es gewesen wäre, hätte er dich nicht so behandelt. Das ist ein Kino für Weiße – ich hab es dir doch gesagt –, und das war nur ein alter weißer Mann."

„Och", sagte der kleine Joe.

Wolfgang Borchert

DIE DREI DUNKLEN KÖNIGE

r tappte durch die dunkle Vorstadt. Die Häuser standen abgebrochen gegen den Himmel. Der Mond fehlte, und das Pflaster war erschrocken über den späten Schritt. Dann fand er eine alte Planke. Da trat er mit dem Fuß gegen, bis eine Latte morsch aufseufzte und losbrach. Das Holz roch mürbe und süß. Durch die dunkle Vorstadt tappte er zurück. Sterne waren nicht da.

Als er die Tür aufmachte (sie weinte dabei, die Tür), sahen ihm die blaßblauen Augen seiner Frau entgegen. Sie kamen aus einem müden Gesicht. Ihr Atem hing weiß im Zimmer, so kalt war es. Er beugte sein knochiges Knie und brach das Holz. Das Holz seufzte. Dann roch es mürbe und süß ringsum. Er hielt sich ein Stück davon unter die Nase. Riecht beinahe wie Kuchen, lachte er leise. Nicht, sagten die Augen der Frau, nicht lachen. Er schläft.

Der Mann legte das süße mürbe Holz in den kleinen Blechofen. Da glomm es auf und warf eine Handvoll warmes Licht durch das Zimmer. Die fiel hell auf ein winziges rundes Gesicht und blieb einen Augenblick. Das Gesicht war erst eine Stunde alt, aber es hatte schon alles, was dazugehörte: Ohren, Nase, Mund und Augen. Die Augen mußten groß sein, das konnte man sehen, obgleich sie zu waren. Aber der Mund war offen, und es pustete leise daraus. Nase und Ohren waren rot. Er lebt, dachte die Mutter. Und das kleine Gesicht schlief.

Da sind noch Haferflocken, sagte der Mann. Ja, antwortete die Frau, das ist gut. Es ist kalt. Der Mann nahm noch von dem süßen weichen Holz. Nun hat sie ihr Kind gekriegt und muß frieren, dachte er. Aber er hatte keinen, dem er dafür die Fäuste ins Gesicht schlagen konnte. Als er die Ofentür aufmachte, fiel wieder eine Handvoll Licht über das schlafende Gesicht. Die Frau sagte leise: Kuck, wie ein Heiligenschein, siehst du? Heiligenschein! dachte er, und er hatte keinen, dem er die Fäuste ins Gesicht schlagen konnte.

Dann waren welche an der Tür. Wir sahen das Licht, sagten sie, vom Fenster. Wir wollen uns zehn Minuten hinsetzen. Aber wir haben ein Kind, sagte der Mann zu ihnen. Da sagten sie nichts weiter, aber sie kamen doch ins Zimmer, stießen Nebel aus den Nasen und hoben die Füße hoch. Wir sind ganz leise, flüsterten sie und hoben die Füße hoch. Dann fiel das Licht auf sie.

Drei waren es. In drei alten Uniformen. Einer hatte einen Pappkarton, einer einen Sack. Und der dritte hatte keine Hände. Erfroren, sagte er, und hielt die Stümpfe hoch. Dann drehte er dem Mann die Manteltasche hin. Tabak war darin und dünnes Papier. Sie drehten Zigaretten. Aber die Frau sagte: Nicht, das Kind.

Da gingen die vier vor die Tür, und ihre Zigaretten waren vier Punkte in der Nacht. Der eine hatte dicke umwickelte Füße. Er nahm ein Stück Holz aus seinem Sack. Ein Esel, sagte er, ich habe sieben Monate daran geschnitzt. Für das Kind. Das sagte er und gab es dem Mann. Was ist mit den Füßen? fragte der Mann. Wasser, sagte der Eselschnitzer, vom Hunger. Und der andere, der dritte? fragte der Mann und befühlte im Dunkeln den Esel. Der dritte zitterte in seiner Uniform: Oh, nichts, wisperte er, das sind nur die Nerven. Man hat eben zuviel Angst gehabt. Dann traten sie die Zigaretten aus und gingen wieder hinein.

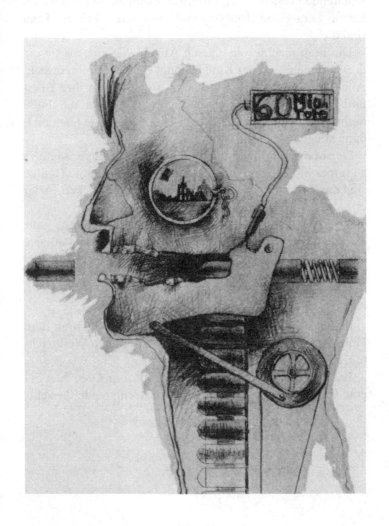

Sie hoben die Füße hoch und sahen auf das kleine schlafende Gesicht. Der Zitternde nahm aus seinem Pappkarton zwei gelbe Bonbons und sagte dazu: Für die Frau sind die.

Die Frau machte die blassen Augen weit auf, als sie die drei Dunklen über das Kind gebeugt sah. Sie fürchtete sich. Aber da stemmte das Kind seine Beine gegen ihre Brust und schrie so kräftig, daß die drei Dunklen die Füße aufhoben und zur Tür schlichen. Hier nickten sie noch mal, dann stiegen sie in die Nacht hinein.

Der Mann sah ihnen nach. Sonderbare Heilige, sagte er zu seiner Frau. Dann machte er die Tür zu. Schöne Heilige sind das, brummte er und sah nach den Haferflocken. Aber er hatte kein Gesicht für seine Fäuste.

Aber das Kind hat geschrien, flüsterte die Frau, ganz stark hat es geschrien. Da sind sie gegangen. Kuck mal, wie lebendig es ist, sagte sie stolz. Das Gesicht machte den Mund auf und schrie.

Weint er? fragte der Mann.

Nein, ich glaube, er lacht, antwortete die Frau.

Beinahe wie Kuchen, sagte der Mann und roch an dem Holz, wie Kuchen, ganz süß. Heute ist ja auch Weihnachten, sagte die Frau.

Ja, Weihnachten, brummte er, und vom Ofen her fiel eine Handvoll Licht hell auf das kleine schlafende Gesicht.

Bernhard Speh

DIE NACHT, IN DER DAS CHRISTKIND STARB

Vorläufig hatte der Krieg die kleine Stadt vergessen, der Wind, der Schnee, die Kälte nicht. In zehn Tagen würde Weihnachten sein, wie jedes Jahr. Das Kind stand am Fenster. Seine Gedanken verloren sich zwischen Schneeflocken: Weihnachten würde sein und der Sylvesterspaziergang zu Onkel Bernhard und danach sein Geburtstag – weiter dachte das Kind: So lebe ich von Fest zu Fest – dazwischen ist das Dunkel, die Langeweile, die Angst . . .

Es hätte sich eigentlich wohlfühlen können, wären da nicht diese kratzenden Unterhosen gewesen mit den langen Beinteilen. Die Unterhosen, sie gaben einem das Gefühl, in einem Ameisenhaufen zu stecken. Holzsplitter schauten wie kleine Nadeln aus dem Stoff. Und jeden Morgen beim Anziehen die öden Gespräche mit Mutter. Mit barscher Stimme bestand sie auf den Hosen. Das Gerede von Blasenentzündungen und Nierenschrumpfung, hinter denen es die Ermahnungen Dr. Gralkas, des Kinderarztes, hörte. Immer endete es damit, daß das Kind unterlag und die Hosen trotz am Abend geröteter Haut anziehen mußte.

Die Hosen hatten irgendwie mit dem Krieg zu tun, und die Kälte im Zimmer, das des Nachts ungeheizt war, auch. „Vor dem Kriege", sagte der Vater „vor dem Kriege war Deutschland ein reiches Land, und alle kleinen Jungen trugen weiche Hosen, und die Stuben wurden auch nachts geheizt, weil es genügend Kohlen gab." Aber, obwohl der

Krieg ein Unglück war, und nach den Worten des Vaters Deutschlands Untergang, dienten die Kälte und die hölzernen Hosen doch einem guten Zweck. Das wurde deutlich, wenn der Vater sagte: „Mein Sohn, das härtet dich ab", und die Mutter echote: „Abhärtung hat noch niemandem geschadet."

Das Kind hatte nur eine unscharfe Vorstellung davon, was Abhärtung war, sie hatte etwas mit Krieg zu tun, der jetzt war, und in dem ihr deutsches Volk – wie der Lehrer in der Schule sagte – immer siegte, und die Siege wiederum, die Siege – das lehrte man das Kind ebenfalls in der Schule – hatten irgendwie mit dieser Abhärtung zu tun.

Das Kind schloß die Augen und sah Soldaten, viele, deutsche Soldaten, die alle die gleichen, stechenden Unterhosen trugen und völlig frisch durch die bittere Kälte Rußlands zogen und nachts auf dem harten, gefrorenen Boden schliefen. Fröstelnd dachte es: vielleicht töten sie die Feinde nur, um ihnen, den Feinden, die – wie jedermann wußte – verweichlicht waren, die Unterhosen aus weichem Stoff abzunehmen und sich darin wohl zu fühlen?

Aber in den Krieg ging man, um zu sterben, was halfen da eroberte Unterhosen, was alle Qualen der Abhärtung, wenn man am Ende tot war? –

Was der Tod war, wußte das Kind. Man hatte es eines nachts ans Bett der Großmutter geführt. Die lag da, kalt, steif und stumm, und der Vater hatte gesagt: „Das ist der Tod – sie ist jetzt tot. Das mußt du wissen, denn wir leben im Krieg, und da kann jeder sterben."

Das ist meine Großmutter nicht mehr, hatte es sagen wollen, aber geschwiegen und – wie gut, daß die Großmutter nicht auf der kalten, harten Erde hatte sterben müssen von Feinden getötet, sondern im warmen Zimmer.

Das Kind trat ganz nah' an's Fenster. Trotz der Dunkelheit lag die enge Straße im warmen Licht. Das machte die

Gaslaterne, die dicht unter dem Fenster brummend arbeitete. Im Stehen, wenn man sich nicht bewegte, waren die Hosen ganz erträglich. Dem Fenster gegenüber, hochaufragend, die Schule, die sie das Gymnasium nannten. Sie war das höchste Bauwerk, welches das Kind kannte, außer den Kirchen.

Am Tage konnte man von drüben die Stimmen der Lehrer hören, wie sie die Schüler beschimpften. Ebenso hörte man die ängstlichen Antworten der Schüler. So eng war die Straße. Das Kind öffnete, eigentlich war ihm das verboten, das Fenster und atmete mit bebender Freude die Nacht, die Kälte und den Schnee. Die Schule im frischen Kalk schimmerte zu ihm herüber, wie eine frohe und bange Verheißung.

„Bald", hatte der Vater gesagt, „bald, wenn du weiterhin fleißig und strebsam bist, wirst du auch dorthin gehen, dann darfst du studieren und hast es mal besser als ich." Das Kind wollte es nicht besser haben als der Vater, den es

als den Herrn über die stampfenden Maschinen der Werkstätte unter der Wohnung bewunderte.

Aber, sagte es zu sich, vielleicht ist die Schule das Tor, durch das ich aus der engen Stadt in die weite Welt entkommen kann. Zum Beispiel nach Amerika. In einem Buch des Vaters hatte das Kind gesehen, das es dort weit höhere Häuser gab, und auch solche, die den Himmel berührten, weshalb die Leute in Amerika sie Wolkenkratzer nannten.

Doch jetzt war Krieg, da durfte man nicht aus der Stadt. „Hier sind wir sicher", hatte der Vater gesagt, „und draußen fallen Bomben und müssen Menschen in Kellern sterben."

Von Kellermenschen und Bomben in den großen Städten erzählte der Lehrer nichts, viel aber von den Siegen der deutschen Soldaten. Des Nachts bisweilen und in letzter Zeit immer häufiger heulten die Sirenen der kleinen Stadt. In der Luft lag dann ein Donner fast wie die Stimme der alten Gaslaterne, nur viel, viel lauter und drohender. Wenn die Sirenen heulten, war Fliegeralarm. Alle gingen dann in den Keller, und nach einiger Zeit durfte man wieder heraus, das war die Entwarnung. „Das ist nur eine Übung", pflegte der Vater dann zu sagen, „uns meinen die nicht, die fliegen zu den großen Städten."

Heute war es still, nur Frost und Schnee knisterten heimlich. Die Standuhr auf dem Flur schlug, zehnmal. Eigentlich, dachte das Kind, sollte ich jetzt in mein Federbett gekuschelt schlafen, und nicht in diesen Unterhosen am offenen Fenster frieren. Weihnachten ist in zehn Tagen! In ihm stritten Erwartung und Angst. Das Christkind würde es auch dieses Mal nicht vergessen. Obwohl, ganz sicher war man nie. Dennoch – das Zeugnis war gut gewesen, fast jede Woche hatte es ein Fleißkärtchen für Hausaufgaben,

Aufmerksamkeit, sogar für's Schnellrechnen mit nach Hause gebracht. Keine Klagen des Lehrers, der jeden Tag auf dem Nachhausewege dem Vater in der Werkstätte Auskunft gab, über sein Betragen zum Beispiel. Nein, dieses Jahr konnte es Weihnachten ohne Angst erwarten.

Wenn nur diese Kriegsspiele in den Pausen nicht gewesen wären! Ob das Christkind das auch wußte? Immer gehörte das Kind zur Partei, die besiegt wurde, und obendrein nahm der große Uhlich ihm noch das Pausenbrot ab. Warum schob man es immer zur Partei von Lambert? Warum?

Und diese Tritte in den Unterleib, wenn es sich gefangen gab. „Väh Viktis" (was so viel hieß, wie: Tod den Besiegten) hörte es den starken Uhlich brüllen, der war nämlich mal auf dem Gymnasium gewesen, er hatte das und anderes dort gelernt. Wenn das Kind doch den Mut gehabt hätte, einmal dreinzuschlagen. So einfach Augen zu und drauf, daß kein Gras mehr wuchs, wo man hinschlug, wie Vater manchmal sagte. Aber da war auch das Gebot des Vaters, sich nicht zu prügeln „wie das Pack auf der Straße". Schwierig – denn ohne Prügeln kam man nicht zur Partei der Sieger. Dabei waren die Anführer der „feindlichen" Heerhaufen, Uhlich und Lambert, heimlich – normal Freunde. Es hatte sie einmal auf dem Klo überrascht, wie sie sich die eingesammelten Pausenbrote teilten. Ob das auch bei den Führern im Kriege so war? Morgen, wenn der Schnee weiter so dicht fiel, morgen würde es eine Schneeballschlacht geben, da konnte es mithalten.

Wahrscheinlich würden die Kämpfer Uhlichs aber wieder Steine und Holzstücke in die Schneebälle stecken, davor hatte es Angst. Wenn es nur den Mut fände, nicht mitzumachen. Einfach neutral zu bleiben, wenn auch in Feigheit und Schande, wie Uhlich dazu sagte.

Doch das war nur möglich, wenn man über die weiße

Linie im Schulhof ging und sich auf der Mädchenseite aufhielt. Würde es unter den Mädchen entdeckt werden, bedeutete das allerdings Nachsitzen und den Spott der Kameraden obendrein.

Dennoch, so entschied das Kind, alles war besser als eine blutende Beule aus Uhlichs Geschossen.

Und in zehn Tagen war Weihnachten, da würde das Christkind die elektrische Eisenbahn aufstellen. Vater hatte augenzwinkernd und geheimnisvoll von einem zweiten Bahngleis gesprochen, mit eigenem Transformator, bestimmt mit einem eigenen Transformator! Auch die Stadt zwischen den Bahngleisen sollte wachsen. Es fehlte ein Postamt und ein Wirtshaus. Und – ein zweiter Bahnhof, ein zweiter Bahnhof gehörte wohl auch zum zweiten Gleis.

Wie das Christkind das alles schaffte? Und die anderen Kinder? Es gab doch viele, viele andere Kinder in der Stadt, und alle hatten Wünsche, und alle bekamen Geschenke.

Klar, dachte das Kind, das Christkind war ja Gott selbst oder doch zumindest sein Sohn und war allmächtig. Aber dennoch, wie konnte es in allen Häusern zugleich sein? Im Beichtunterricht hatte der Pastor erzählt: Gott könne überall und zu jeder Zeit zugleich sein. Allgegenwart nannte er das mit tiefgründigem Räuspern. Allmacht, Allgegenwart – im Kopf des Kindes paßte das nicht zusammen. Ach, es paßte so vieles nicht zusammen in diesen Tagen. Nicht nur, daß Uhlich und Lambert, die ihre Heerhaufen gegeneinander führten, heimlich Freunde waren; nicht nur, daß die Mutter häufig weinte, wenn der Vater die Siege der Deutschen mit den Worten abtat: „. . . . die werden den Krieg niemals gewinnen, die können ihn gar nicht gewinnen" – und das immer häufiger und immer offener sagte, je mehr sich die Siege häuften. Nicht nur, daß die Mutter zum Vater sagte: „Heinz, die holen dich ab, wenn du so weiter redest", und Vater ihr entgegnete: „das wagen die nicht, nicht bei mir"! Nicht nur, daß das Kind in zehn Tagen in der Christmette singen würde – UND FRIEDE AUF ERDEN DEN MENSCHEN, DIE GUTEN WILLENS SIND – und trotzdem Krieg war, und die Deutschen voll guten Willens siegten und töteten. Abgehärtet und unempfindlich gegen Hunger und Kälte mußten sie trotzdem sterben wie die besiegten Feinde.

Die Sehnsucht, das Christkind zu sehen, vielleicht mit ihm zu reden über die Dinge, die im Kopf des Kindes nicht zusammenpaßten, wurde übermächtig. Gewiß, der Vater hatte das mit einem strengen Verbot belegt. Manch einer, hatte er zum Kind gesagt, der das versucht habe, sei allein durch den strahlenden Anblick des Christkinds blind geworden. Und das schlimmste: In dem Falle nehme es alle Geschenke wieder mit. Und am heiligen Abend stehe man leer und armselig da, dem Spott aller preisgegeben, die dann wüßten, man sei einer, der das Christkind zu sehen versucht habe. Das Kind erinnerte sich: In der Bibel gab es so eine Geschichte von einer Frau, die hatte versucht, Gott zu sehen. Zu einem Salzklumpen soll sie erstarrt sein, wie das heilige Buch zu berichten wußte. Dinge tat Gott manchmal! Aber trotzdem, es mußte das Christkind sehen, das war entschieden. Leise zog das Kind den Trainingsanzug an, dann die wollenen Überschuhe mit den Schleichsohlen. Mutter hatte sie selbst genäht. Das Abenteuer begann. Schon stand das Kind im Flur. Wenn der Flur nur nicht so geknarrt hätte. Aber, so sagte sich das Kind, wer denkt schon, daß ich nachts durchs Haus schleiche. Es können ebenso die alten Balken sein, denn schließlich sollte das Haus fünfhundert Jahre alt sein. Vor der Wohnzimmertür angekommen, schaute das Kind durch's Schlüsselloch. Beim Schein der Lampe, die wie die Kuppel einer Moschee und aus Kupfer gemacht war, saßen die Eltern.

Die Mutter mit Strickzeug. Irgendetwas Graubraunes wuchs da aus den tickenden Nadeln und hing lang herunter. „Meinst du, das wird bis Weihnachten fertig?", sagte der Vater von einem Buch aufstehend, „wenn nicht, bekommt er es zum Geburtstag." – Das Kind drückte sich näher an's Schlüsselloch: „Wenn du noch etwas arbeiten willst, Heinrich, solltest du das bald tun, du weißt, der Schleicher kontrolliert neuerdings auch, wie lange in deiner Werkstätte Licht brennt." – „Ich muß noch den Sender hören", sagte der Vater ruhig, „die Sondermeldungen heute, ich glaube die Nazis wollen eine Niederlage vertuschen." – Darauf Mutter ängstlich-beschwörend: „Heinz, wenn das jemand hört, daß du . . . Heinz, ich sehe dich schon im Konzentrationslager." – „Willst du wohl etwas leiser sein, auch wenn du vor Beschissenheit gackern möch-

test, Gretel, der Junge schläft nebenan, soll er das alles mithören? Er ist doch ein Kind."

„Ach ja", wiederholte Mutter versonnen, „er ist noch ein Kind und soll es auch lange bleiben in diesen Zeiten. Denk dir, Heinz, er glaubt noch an's Christkind. Heute Nachmittag beim Plätzchenbacken hat er mich lange danach gefragt." – „Du hast ihm doch hoffentlich nichts verraten, Gretel – bei dir weiß man ja nie . . ."

Das Kind merkte nicht, daß es weinte, irgend etwas löste sich in ihm und fiel zu Boden. Es wollte zurück ins Zimmer unter die Bettdecke und sofort ganz tief einschlafen. – Da verließ der Vater das Wohnzimmer, das Kind konnte gerade noch in den Schatten des Hausflurs treten.

Die Dunkelheit des Flurs lag über ihm wie eine Tarnkappe. „Sieh ich bin wie Siegfried", dachte das Kind. Da ging Vater die knarrende Stiege zur Werkstätte hinunter. Geduckt an die Wand gepreßt, folgte das Kind, getrieben von einem Geheimnis, das schon keines mehr war. Der Vater überquerte den Hof. Im Nebenhaus lag das Atelier, so nannte der Vater seine private Werkstätte. Dahin ging er nun. Das Kind war nie dort gewesen. „Dort", sagte der Vater „sind gefährliche Dinge, die können dich krank machen, wenn du sie anfaßt." Im Atelier angelangt, schloß der Vater rasch die Tür hinter sich zu. Feucht war es im Flur, und ein Modergeruch drang aus dem nahen Kohlenkeller. Dunkelheit, dichte Dunkelheit umgab das Kind. Aber sie war nicht vollkommen. Ein Spalt in der Tür gab Einblick. Im Inneren sah das Kind, und wollte es doch nicht sehen und sah es doch, den Vater, der allein war, kein Christkind um ihn, über ihm. Nur Holzteile umgaben ihn und Eisenbahnschienen, die er auf das Eisenbahnbrett montierte. Die Helle, die ihn umgab, kam nicht aus himmlischen Höhen, die Helle kam von einer Karbitlampe, die brummend über dem Kopf des Vaters hing. – So ist das also, dachte das Kind, das also ist das ganze Geheimnis! Warum aber die Lüge? Die Geheimnistuerei der Eltern? Warum diese strenge Mühe, das Geheimnis zu bewahren? Und wieder hatte das Kind dieses Gefühl, daß etwas in seinem Kopf nicht zusammenpaßte. Warum, so dachte das Kind, als es schon halb schlafend in seinem Federbett lag und sein neues Geheimnis betrachtete, warum verstecken die Eltern ihre Mühe und Liebe und Arbeit hinter einem Christkind, das es vielleicht gar nicht gab und das man sich auch nur schwer vorstellen konnte?

Ein neues Gefühl trat allmählich an die Stelle der Sehnsucht nach dem Christkind: Liebe und Dankbarkeit gegen die Menschen, die seine Eltern waren und die sich in der Nacht mühten – mühten inmitten von Krieg, Tod und Bomben –, ihm eine Überraschung zu bereiten. Schade eigentlich, daß man das mit dem Brüderchen nicht besprechen konnte. Aber das war eben noch nicht so erwachsen mit seinen vier Jahren. Und als dann am Heiligabend nach den Weihnachtsliedern, der Weihnachtsgeschichte und den Gedichten endlich – endlich der Blick auf das erlaubt war, was das „Christkind" gebracht hatte und auch der Pulli von Mutter unter dem Baum lag, als das zweite Bahngleis rauschend von einer Elektrolok, einem echten Triebwagen, befahren wurde, als dazu noch ein Kasperletheater da stand mit vom Vater geschnitzten Köpfen – das war ja wohl so –, da dachte das Kind, daß es so gut sei und fand es auch ganz richtig, dem Brüderchen unter den feuchten Augen der Mutter zu erzählen, es habe das Christkind gesehen, wie es in einem goldenen Schlitten über die Dächer der Stadt geflogen sei.

Fast fühlte sich das Kind da wie der Vater, mit dem es, ohne daß dieser es ahnte, ein gemeinsames Geheimnis hatte. Das Wissen auch, daß das, was Menschen für einander tun, allein ihre Liebe zueinander zeigt.

Peter Huchel

DEZEMBER 1942

Wie Wintergewitter ein rollender Hall.
Zerschossen die Lehmwand von Bethlehems Stall.

Es liegt Maria erschlagen vorm Tor,
Ihr blutig Haar an die Steine fror.

Drei Landser ziehen vermummt vorbei.
Nicht brennt ihr Ohr von des Kindes Schrei.

Im Beutel den letzten Sonnblumenkern.
Sie suchen den Weg und sehn keinen Stern.

Aurum, thus, myrrham offerunt . . .
Um kahles Gehöft streicht Krähe und Hund.

. . . quia natus es nobis Dominus.
Auf fahlem Gerippe glänzt Öl und Ruß.

Vor Stalingrad verweht die Chaussee.
Sie führt in die Totenkammer aus Schnee.

Dietrich Bonhoeffer

VON GUTEN MÄCHTEN

Von guten Mächten treu und still umgeben,
behütet und getröstet wunderbar,
so will ich diese Tage mit euch leben
und mit euch gehen in ein neues Jahr.

Noch will das alte unsre Herzen quälen,
noch drückt uns böser Tage schwere Last,
ach, Herr, gib unsern aufgescheuchten Seelen
das Heil, für das du uns bereitet hast.

Und reichst du uns den schweren Kelch, den bittern
des Leids, gefüllt bis an den höchsten Rand,
so nehmen wir ihn dankbar ohne Zittern
aus deiner guten und geliebten Hand.

Doch willst du uns noch einmal Freude schenken
an dieser Welt und ihrer Sonne Glanz,
dann wolln wir des Vergangenen gedenken,
und dann gehört dir unser Leben ganz.

Laß warm und still die Kerzen heute flammen,
die du in unsre Dunkelheit gebracht,
führ, wenn es sein kann, wieder uns zusammen.
Wir wissen es, dein Licht scheint in der Nacht.

Wenn sich die Stille nun tief um uns breitet,
so laß uns hören jenen vollen Klang
der Welt, die unsichtbar sich um uns weitet,
all deiner Kinder hohen Lobgesang.

Von guten Mächten wunderbar geborgen,
erwarten wir getrost, was kommen mag.
Gott ist mit uns am Abend und am Morgen
und ganz gewiß an jedem neuen Tag.

Ingrid Brase-Schloe

LAMETTA

Lametta
am Christbaum –
silbrige Fäden –
Erinnerungen verknüpfend:
Zauber der Kindheit.

Lametta
im Januar –
im welken Gras des Rasens
verloren,
vom Wind verzerrt:
Kalter Flitter.

Lametta
im Frühling –
in einem Vogelnest
kunstvoll mit Moos und Haar verwoben:
So rührt es wieder das Herz.

Lametta
war es auch Lametta
an der Brust des toten Soldaten
bei Stalingrad?

Wolfgang Beutin

DREIMALDREI QUADRATMETER, ZWEI WEIHNACHTSBÄUME UND EINIGE AUFREGUNGEN

lse stellte ihr bedrückendes Dämmerwesen in den Tagen vor Weihnachten zwar nicht gänzlich ein, beschränkte es indes im Vergleich zum November auf ein erträgliches Maß. Was hingegen anwuchs, waren ihre Klagen, wie von aller Welt verlassen wir dies Jahr unser Weihnachtsfest feiern würden und daß wir bei der Enge der Dreimaldreiquadratmeter sowie wegen des Fehlens von Tannenbaumschmuck, den kein Güstrower Geschäft mehr verkaufte, selbst auf den geschmückten Tannenbaum verzichten mußten. Wir widersprachen. Setzten Gründe dagegen, soviele uns einfallen wollten: Äpfel könnten wir hineinhängen und Nüsse, und wir wollten aus buntem Papier oder angetuschter Pappe Engel und Figuren ausschneiden, die Tanne zu verzieren. Platz hätte sie doch während der Feiertage auf der Marmorplatte der Waschkommode. Wir würden die Waschschüssel auf einem der Stühle abstellen. Wäre nur unsere Weihnachtstanne da! Holger und ich, wir ließen nicht locker. Aber Else, entschlossen, unserer Bettelei einen Schlußpunkt zu setzen, erwiderte, das alles sei schön und gut, jedoch sie selber gar nicht fähig, die Tanne heranzuschaffen, hätte dazu vor allem nicht die geringste Lust, da Karl, unser armer Vater, das Fest im Felde verbringen mußte. Man wisse nicht, wann und ob man sich je wiedersehe.

Zwar niedergedrückt, aber nicht am Ende unserer Über-
legungen, ließen Holger und ich es für diesmal bewenden.
Bei günstiger Gelegenheit beratschlagten wir unter uns
erneut und fanden einen verheißungsvollen Ausweg, etwa
eine Woche vor Weihnachten. Das allzu kalte Wetter wich
einem böse nässenden, immer noch kalten, da steckten wir
unser Gespartes in die Tasche, einige Mark, die uns gehörten, und schoben ab, ohne es Else anzukündigen. Wir
wußten genau, was wir vorhatten, nur nicht, wie wir es
verwirklichen mußten. Die Schwierigkeit erwies sich allerdings als überwindbar. Bereits in der Bahnhofsgegend fanden wir den ersten Händler, der noch eine Menge Tannen
anbot. Es ging also prächtig, und wir beschlossen, nicht
gleich zu kaufen, sondern uns zunächst einmal umzusehen.
Auch andere Händler boten wirklich mehr als genug
schöne Bäume an. Langsam gingen wir weiter in Richtung
Spaldingplatz. Hier angelangt, faßten wir uns ein Herz, als
wir einen Tannenvorrat erblickten, den wie überall ein
Hänter hütete. Dem winterlich Vermummten zeigten wir
unser Geld. Wir suchten uns ein schlank gewachsenes
Exemplar von Baum aus. Bezahlten. Unser Geld war
verbraucht. Und schleppten unsere erste Erwerbung die-
serart, freudiger Vorgefühle voll, zur Neuen Straße ab.
Holger voran, unter dem Arm die Spitze des Baums, sowie
ich hintennach, den Stamm packend. Wieder der Harzge-
ruch an unseren Händen.

Freudigen Vorgefühlen folgt nicht stets ein ebenso freu-
diges eigentliches Gefühl, und selten täuschte ein Vorgefühl jemanden derart, wie uns das unsere. Denn Else, die
wir vermittels der Erwerbung glücklich zu überraschen
hofften, so daß ihre Klagen verstummten, empfing uns
nicht nur nicht beglückt, sondern gegenteilig: Ihre Klage
steigerte sich. – Und was soll das? Was soll das Ungetüm in
unserer Stube, wo ihr genau wißt, daß wir keinen Platz

dafür haben? Hab ich es euch nicht schon hundertmal eingetrichtert? Ein Baum kommt mir dieses Jahr nicht an 'ne Burg, und wenn ihr ihn zehnmal mit eurem eigenen Taschengeld bezahlt hättet. – Sie wollte den Baum, meinte sie, eben gar nicht erst in die Tür lassen. – Bei euch piept's wohl? Sagt selbst, haben wir Platz für ihn oder nicht? Können wir ihn vielleicht im Seitentrakt aufbewahren? – Weißgott, das konnten wir nicht, da war Leni davor, und die Überlegung hatten wir völlig vergessen, wo die Erwerbung in der Woche bis zum Heiligabend aufbewahrt werden sollte. Keine Ecke des Gebäudekomplexes, keinen Stall durften wir dafür benutzen. Auch ließ Else sich auf unsere Vorschläge, annehmbar oder nicht, keinesfalls ein und befahl uns vielmehr mit großer Strenge, den Baum zurückzubringen. – Das mögen wir nicht, sagten wir, das bringen wir nicht fertig, und umklammerten die nadlige grüne Pracht mit den steifgefrorenen Händen. – Dann, rief Else, schmeißt das Gestell sonstwohin. Im Zimmer oder in der Neuen Straße 1 will ich es nicht sehen, merkt euch das! Und jetzt schleunigst ab damit!

Unerbittlich überwachte sie unser betrübtes Davonziehen. Traurig klabasterten wir los, Holger nochmals vornweg, ich wieder hinterdrein, wobei wir uns vielleicht mehr an dem Baum festhielten, als daß wir ihn trugen, Holger die Spitze, ich den Stamm. Was wir trugen, war der erste Tannenbaum, den wir selbst gekauft, der erste, den nicht unsere Eltern uns beschert hatten, der erste – weil Karl nun nicht kommen konnte – unserer Mutter als Überraschung zugedacht. Statt der Überraschung jetzt dieser Marsch zurück in die Stadt. Wortlose Einigkeit bestand darüber, daß wir die Tanne nicht zu dem Händler am Spaldingplatz zurücktragen würden, sosehr uns das für den Kauf ausgegebene Taschengeld schmerzte. Sie verschenken? Wir beschlossen, es zu versuchen. Eisenbahnstraße. Doch die

Leute, die wir daraufhin ansprachen, beachteten uns entweder nicht oder hielten uns für unglaubwürdig, gar für Diebe, die einen gestohlenen Baum loswerden wollten. Die meisten gingen weiter, ohne uns richtig wahrzunehmen, oder antworteten uns: Nein danke, wir haben einen Baum.

Immer unsere Tanne mit uns führend, schlugen wir einen Weg ein, der von der Eisenbahnstraße abgeht, prallel zu den Gleisanlagen und dem Wasserlauf namens Nebel. Bittere Gefühle, Bekümmernis des Herzens preßten uns. Ich glaube beinahe, wir schmiedeten damals Rachepläne gegen Else: was alles wir nie wieder ihr zuliebe tun und wie wir ihr in Zukunft alles abschlagen würden, wenn sie von sich aus einmal den Wunsch nach einem bestimmten Geschenk äußerte. Ein wenig später, und wir waren am Ende unseres Lateins. Da standen wir mit unserem Baum auf dem schmalen Wege. Nur ein paar Schritt entfernt das Wasser, und zwischen dem Weg und dem Wasser kahles Gesträuch. Unser Baum, mit dem wir ursprünglich so viel anderes hatten ausrichten wollen, wir setzten ihn mitten hinein in das Gesträuch. Machte er sich nicht gut, grüne Belebung des sperrigen Zweiggewirrs? Und fast, als wüchse er dort und gehörte, das einzig lebende Pflanzengeschöpf, zu dem Bewuchs des Wegrands. Wir wußten aber, er lehnte nur hier, lehnte, indem er sich auf das Zweiggewirr stützte, und blieb von seinem Wurzelwerk getrennt. Ein Weihnachtsbaum, der zwar wie die vielen aus dem Walde zur Stadt hereingekommen war, der jedoch seine Waldesträume keinesfalls weiterträumen durfte beim Kerzenschein. Und so trennten wir uns von ihm, dem roh Getäuschten.

Ausgesetzte, streiften mein Bruder und ich am Nachmittag des 24. Dezember durch Güstrows Straßen, die straßenbahnlosen Straßen der Stadt Heinrich Beelzows. Else hatte uns nach draußen geschickt, weil sie, wie sie angab,

einige Vorbereitungen für das Weihnachtsfest unbedingt allein treffen mußte. Was mußte sie aber vorbereiten in dem Dreimaldreiquadratmeterloch? An ihre Wunderlichkeiten der letzten Monate hatten wir uns gewöhnt, und weshalb sollte der Heiligabend ohne eine neue Wunderlichkeit vorübergehen? Zeitweilig Ausgesetzte also nur, die sich ein wenig als Benachteiligte fühlten. Ein unverständliches Geschick scheuchte uns durch dunkle Straßen, ein geheimer Kummer beherrschte uns: Nicht wie alle Weihnachten bisher und nicht wie jedem anderen Kind in dieser Stadt würde uns der Tannenbaum im Lichterglanz die festliche Stube schmücken. Den geheimen Kummer wollten wir wohl tragen, doch trug er sich nicht leicht, und er und das feuchtkalte Wetter, das sich in der Schwebe hielt zwischen Frieren und Tauen, belästigten uns und entzündeten unser Gespräch. Wir beredeten nun nochmals, auf kürzlich gehegte Wünsche zurückblickend, in einer Überschwenglichkeit, die sich aus Begeisterung und Enttäuschung über die erworbene und abgestoßene Tanne mischte, die Herrlichkeit eines Heiligabends, an dem unser Baum im Mittelpunkt erstrahlt wäre. Wie vortreffliche Weihnachtsbäume würden zukünftig dort die Feste zieren, wo einst wir, wenn erwachsen, die Leitung der Vorbereitungen voll in die eigene Hand nähmen. Niemals würden wir unseren Kindern, hätten wir sie großzuziehen, eine Schmach antun, wie Else sie uns mit der Abweisung des aus so gutem Vorsatz herangeschleppten Tannenbaums zugefügt hatte. So trödelten wir, plappernd und planend, geschlagen und dennoch im Vorgefühl zukünftiger Siege, durch die wenig belebten Straßen der Bahnhofsgegend. Zuerst zwischen der Schwaaner und Rostocker Straße. Dann beim Städtischen Garten vorbei, Rosengarten benannt, um durch die Bleicher- und Wasserstraße wieder in die Nähe der Eisenbahnstraße zu gelangen. John Brinckmans Denkmal, die schwer deutbare Begegnung des Fuchses und des Swinegels auf dem Brunnenrand, stand da wie je, und die Tiere sahen sich an wie alle Tage, einer des anderen Mörder, und wußten nicht, daß dieser Abend ein besonderes Ereignis in der Menschenwelt bildete. Schließlich, als es zu dunkeln begann, schien es uns an der Zeit,

86

uns zur Neuen Straße zurückzuwenden. Jetzt gab es außer uns niemand mehr im Freien. Doch unsere Verlassenheit ängstigte uns nicht nur, sie machte uns auch ein wenig stolz. In diesem Augenblick war bewiesen, daß wir auf die Feierlichkeit verzichten konnten, diesmal würden wir es können im Unterschied zum vorigen Jahr.

Seinerzeit, da wir noch in Breslau wohnten, standen wir fast den ganzen Heiligabend in der Halle des Breslauer Hauptbahnhofs, warteten. Warteten auf Karl, der sein Kommen mitgeteilt hatte, aus irgendeinem entfernteren schlesischen Ort, aber nicht den Zug. Nachmittags gingen wir zwischendurch kurz nach Hause, weil wir nicht mehr stehen konnten, und es wurde auch eine Erfrischung unbedingt notwendig. Hiernach wieder zum Bahnhof, um Posten zu beziehen. Räder mußten rollen für den Sieg, wir bezweifelten es nicht, aber Räder mußten ebenfalls rollen, um unseren guten Vater Karl nach Breslau zu schaffen. Voller Neid beobachteten wir verschiedentlich das Schauspiel, das sich bot, wenn andere Wartende denjenigen, den sie erwarteten, glücklich in Emfpang nehmen konnten, wenn der Erwartete, in aller Regel gehörig bepackt, in der Halle eintraf. Karl? Wann Karl endlich eintraf? Else wußte die Antwort nicht, verfügte jedoch über die Gewißheit, eintreffen wird er. Aus Langeweile erfanden wir neue Spiele: mit unserem Atem Bahnen, schmale Spuren in den weichen grauen Pelz zu pusten, der Elses Wintermantel verbrämte. Abends spät wichen wir, Holger und ich und Else. Meine Mutter wohl im Inneren der Verzweiflung nahe, aber ohne sich etwas anmerken zu lassen. Zu Hause in der Höfchenstraße angelangt, befahl sie, uns sofort zu Bett zu legen, damit wir am nächsten Morgen erholt aufstünden, um wieder Posten zu beziehen. Die Wartetour konnte nicht am ersten Feiertag ausgesetzt werden. Jetzt war die Reihe an uns, der Verzweiflung nahezusein. Heiligabend ohne Bescherung? Wohl zogen wir uns gehorsam aus, aber es kamen die Tränen, ohne daß wir es wollten. Hierauf wiederum wußte sich Else keinen besseren Rat mehr, als uns aufzufordern, das Zubettgehen noch ein Weilchen zu verschieben und uns nochmals anzuziehen. Wir taten es. Währenddessen hantierte sie im Weihnachtszimmer, und es dauerte nicht lange, da hieß uns ein Glöckchenton eintreten. Kerzen brannten, Geschenke lagen unter dem Tannenbaum und lockten uns an. Getröstet verzogen wir uns danach in unsere Betten, um meine Mutter ihren Gedanken zu überlassen.

Am späten Nachmittag des ersten Feiertags endlich rollten die Räder mit dem Gewünschten in den Hauptbahnhof. Diesmal waren wir es, die einen Erwarteten in Empfang nahmen, und was folgte in der Höfchenstraße darauf? Der Bescherung zweite Ausgabe. Die Kerzen brannten erneut, und inmitten von Tante Odas großer Stube überraschte uns unser Hauptgeschenk, das Kasperle-Theater in Tätigkeit, mit den handgeschnitzten Hohensteiner Puppen, verlebendigt und über die Bühne bewegt von unserem begabten Vater Karl.

Anstatt nun zielstrebig weiter die Richtung Neue Straße anzupeilen, bogen wir kurz vor dem Bahnhof nach links, uns längs des Wasserlaufs haltend. Die Stimmung, die uns beherrschte, gab uns einen bedenklichen Gedanken ein. Zwar vorsichtig, aber immerhin gegen alle Mahnungen zur Vorsicht, die uns im Ohre klangen, tasteten wir uns auf das sehr brüchig gewordene Eis der Nebel vor. In Güstrow galt sie allgemein als ein tückisches Gewässer, diese Nebel, ein Nebenfluß der Warnow, kanalisiert und daher rasch strömend. Wir überzeugten uns: Das Eis, es trug. Oder schien uns zu tragen. Da wurde uns nun in der Tat eine herbe Warnung zuteil, und nicht von einem Warner am Ufer oder ferneren Beobachter, sondern von dem Dritten im Bunde derer, die hier miteinander zu schaffen hatten. Der Fluß sandte nämlich plötzlich ein gefährlich nachhallendes Surren aus: Holger voran, ich hintennach eilten, schlidderten, rannten, stolperten wir dem Ufer zu, dem nahen, und erreichten es richtig, – Holger ganz und ich, ich wenigstens fast. Mit dem linken Bein schon an Land, fiel ich zurück und brach im letzten Augenblick mit dem rechten noch tief ein durch mürbes oder Windeis. Das Bein versank bis zum Knie im kühlen Wasser der Nebel.

Mich selber ganz an Land zu hieven, erwies sich nicht als die Schwierigkeit. Diese bestand vielmehr darin: Wie trocknete ich am schnellsten und ohne erst wieder Else beim Eintreffen zu Hause Rechenschaft abstatten zu müssen, den Stiefel und mein Hosenbein? Als aussichtslose Möglichkeit beurteilten wir das fernere Herumgehen in den abendlichen Straßen der Stadt. Da fiel mir der Bahnhof ein. Der Wartesaal war gewiß geheizt, mußte es sein, und dicht an die Heizung gedrängt vertrieb ich am besten die Nässe aus Leder und Stoff.

Somit blieb mir denn auch an diesem Heiligabend, dem Weihnachtsabend des ereignisreichen Jahres 1944, ein Bahnhof nicht erspart. Kein milder Vater Karl, den wir erwarteten. Keine Else, die anwesend war, kein Pelz, um schmale Schneisen in ihn zu pusten. Gesucht wurde, wie gesagt, die Heizung. Aber wir hätten den Anblick, der sich im Wartesaal bot, mir und meinem Bruder Holger, um nichts in der Welt vorhergesehen. Konnten überhaupt nicht auf ihn gefaßt sein, uns nicht einbilden, was sich an diesem Weihnachtsabend dort begab. Vollgestopft, ein Überquellen von Menschen und Gepäck in unentwirrbarem Durcheinander. Und Lärm. Flüchtlinge, erkannten wir, Weitgereiste, gänzlich Erschöpfte. Fronturlauber dazwischen, die aus Fahrplangründen hier hängengeblieben waren. Rotkreuzschwestern. Schlecht gekleidete

Gestalten ferner, von denen wir überhaupt nicht wußten, was wir davon zu halten hatten. Alles in allem der fürchterlichste und vollständige Gegensatz zu dem leblosen Dunkel der Stadt mit ihren vornehm schweigenden Fassaden, den türmchenverzierten Bauten in der Bleicher- und Wasserstraße, die sich in längst verflossene Zeiten zurückträumten. Ein schwer erträglicher Gegensatz zu der bedenklichen Winterwelt an der Nebel auch, dem drohend nachhallenden Klingen des vereisten tückischen Gewässers, das sich schon so viele Opfer geholt haben sollte. Es half nun aber alles nichts, Hosenbein und Stiefel mußten trocknen. Und nicht ohne erhebliche Anstrengung boxten wir uns durch bis in die Nähe der schwarz verdunkelten Fenster, wo ich mich an die Zentralheizung drückte, von der wirklich eine spürbare Wärme ausging. Zu meiner Freude zeigte bald ein sengender Geruch, daß ich auf dem rechten Wege war. Zwar erzielte ich in der knappen Zeit, die ich auf den Entwässerungsvorgang verwenden wollte keineswegs ein völlig getrocknetes Hosenbein und einen trockenen Stiefel. Der Stiefel fühlte sich sogar noch ziemlich feucht an, als wir den Bahnhof verließen, konnte vielleicht aber als nicht mehr gänzlich naß passieren. Würde kein Verräter sein.

In der Neuen Straße zurück, hatten wir noch einige Minuten auf dem Flur des stockfinsteren Hauses Nr. 1 im Erdgeschoß zu warten, bevor wir den Dreimaldreiquadratmeterstall betreten durften. Ungeduldige Fragerei, was dieser widrige Zwischenaufenthalt bedeutete und die verschlossene Tür, hinter der ein rätselhaftes Rumoren vernehmlich wurde. Und doch, so rätselhaft nicht, wie uns der Blick bewies, als sich die Tür erneut öffnete. Denn was zeigte sich uns? Auf der Marmorplatte der Waschkommode stand er. Nein, nicht unser Baum, der ausgesetzte im Gesträuch. Aber ein Weihnachtsbaum trotz allem, wie eh und je ein Baum, und neben dem Weihnachtsbaum eine strahlende Else, die sich beglückt empfand durch das vollständige Gelingen der Überraschung, die sie uns bereitet hatte und der zuliebe uns, wie wir jetzt begriffen, die Opferung unserer vorschnellen Erwerbung auferlegt worden war. Ein Bilderbuch-Tannenbaum, keiner, der nur spärlich, kümmerlich, armselig, lächerlich geschmückt gewesen wäre. Unter dem prachtvoll Geschmückten fanden wir an Geschenken mehr, als wir hätten erhoffen dürfen: Bücher und Wäsche, Malkreide und ein Briefchen mit einem Geldbetrag. Jedoch wir ließen diese Geschenke sämtlich Geschenke sein und drängten uns, nun die Beglückung uns beide überstrahlte, so dicht an Else, wie es gehen wollte, und die schön brennenden Lichter des Baumes beleuchteten unsere wiederhergestellte Dreieinigkeit, eine Dreieinigkeit, wie sie zuvor bloß während der Stromsperrabende und Elses Erzählungen herrschte. Und kannten wir den Tannenbaumschmuck nicht auch? Else bestätigte unsere Vermutung, es sei Tante Odas, den diese nicht ohne Mühe noch rechtzeitig per Post aus dem belagerten Breslau nach Güstrow verschickt habe. Selber dienstverpflichtet, konnte sie ihn in der Festung Breslau nicht verwenden. Uns aber bereitete sie damit die größte Freude.

Und den Tannenbaum? Wie Else ihn beschaffte? Holger und ich hatten die Rechnung ohne Frau Peymann gemacht, die Zugehfrau, durch die er in Elses Auftrag erworben worden war. Übrigens beim selben Händler am Spaldingplatz. Durch Frau Peymanns Sohn gelangte der Baum während des Nachmittags, als Holger und ich durch Güstrow pendelten, wohlbehalten in die Neue Straße. So erglänzte der Tannenbaum zu unserer völligen Zufriedenheit auf demselben Platz, auf dem wir vor einer Woche schon die dann wieder abgestoßene eigene Erwerbung in Gedanken prangen sahen.

Elses Beitrag zu unserem Glück am Heiligen Abend in der mecklenburgischen Stadt Güstrow blieb der schönste. Den eigenartigsten jedoch zu der Feststimmung lieferte mir ein mir bekannter Güstrower Bürger. Sein Name: Hermann Zimmermann. Und so sehr der Glanz des Lichterbaums meine Gefühle befriedigte, so sehr stieß meine Gedanken an, was mir durch Hermann Zimmermann beschert wurde. Von Else in die Küche entsandt, um das eine oder andere Geschirr dort abzustellen und dies oder jenes daraus zu holen, mußte ich auf einmal der unerwartetsten Tatsache ins Gesicht blicken.

Man erreichte die Küche über den Flur. Eine zweite Tür, die von der Küche zum Wohnzimmer Hermanns und Lenis führte, war abgedichtet worden und zu mehr als zwei Dritteln vom Küchenschrank bedeckt. Unsere Wirtsleute hatten auf diese Weise in dem nicht zu umfänglichen Gelaß Raum für die Aufstellung eines größeren Tischs geschaffen. Und wie ich gerade, ganz befangen in der Heiligabendstimmung, einiges von dem, was wir zum Abendessen benötigten, dem uns eingeräumten Fach des Küchenschranks entnehme, höre ich die Stimme eines Nachrichtensprechers durch die abgedeckte Wohnzimmertür, laut genug und deutlich in die Küche dringend, und die Stimme, die mir unbekannt ist, berichtet etwas, was noch niemals während meines Lebens ein Radiosprecher erwähnt hat: Schwere Verluste der deutschen Truppen. In Italien. Ebenfalls schwere der englischen und amerikanischen.

Ich höre und weiß nicht, wie das Gehörte unterzubringen ist. Stürze in äußerster Aufregung zurück in unsere Bleibe, um Else von dem Hörerlebnis Kunde zu überbringen. Else läßt es sich von mir erzählen, und während ihr Blick etwas Verschwiegen-Verschwörerisches annimmt und sie mich vermittels einer Geste in Richtung auf den stark beschäftigten Holger wissen läßt, daß sie ihn aus dem Ganzen heraushalten möchte, fragt sie mich mit flüsternder Stimme, ob ich ahne, was das Gehörte bedeute. Mehr nicht. Nur dies. Und plötzlich habe ich das Bild nicht eines bestimmten Zeitungsartikels vor mir, wohl aber die unklare Erinnerung an ein Gemenge aus vielen Artikeln, die von der Todesstrafe handeln, zu der schon so mancher Volksgenosse wegen Abhörens feindlicher Rundfunksender verurteilt wurde. Sicherlich spiegelt sich in meinem Gesicht die Erkenntnis wider, dies mühsame Verstehen des schwer verarbeitbaren Vorgangs, des ungeheuer Schrecklichen, das sich unmittelbar in unserer Nähe eingenistet hat. Else, die alles registriert, erwähnt nur noch wie beiläufig, daß das, was ich in Hermanns und Lenis Küche mitangehört habe, dort regelmäßig mitangehört werden kann. Diese Stimme, die nie zuvor gehörte, die meldet, was keine andere Stimme meldet: Schwere Verluste der deutschen Truppen. Wäre es die Wahrheit? Wenn, dann ist es streng verboten, sie aufzufangen, so streng, daß ich mir nicht auszudenken vermag, wie einer es wagt, sie tatsächlich aufzufangen. Else fügt hinzu, es werde dies streng Verbotene nicht nur in Hermanns und Lenis Stube abgehört, sondern gleichermaßen in vielen anderen Wohnungen. Und sie beendet unsere unvermutet nötig gewordene Geheimkonferenz, die unter Holgers Ausschluß stattfand, indem sie mich nochmals befragt, ob ich tatsächlich wisse, was das alles bedeute, und, als ich den Tatsachen entsprechend bejahe, mir das Gelöbnis abnimmt, niemals im Leben und mit keinem Menschen darüber zu reden. – Mit keinem, hörst du? Niemals. Versprich mir das! – Ich versprach es, und die Kerzen waren inzwischen bereits so weit heruntergebrannt, daß es Zeit wurde, sie auszupusten, falls wir sie am ersten oder zweiten Feiertag ein weiteres Mal für eine Weile anzünden wollten.

Franz Josef Degenhardt

WEIHNACHTEN

Weihnachten und das Jahr 45 rückten näher, aber die Amerikaner nicht. Darüber sprach man jetzt oft nachts im Bunker, und bei einem Treff, an dem auch Fänä teilnahm, lag eine Europakarte zwischen ihnen, darin waren die Fronten gezeichnet. Vor allem interessierte die Westfront, und die sah Mitte Dezember nicht gut aus für sie und die Westalliierten. Stacho erklärte, wie zwei Panzerarmeen unter dem Hitlergeneral Rundstedt durch die Ardennen vorstießen, Richtung Antwerpen, zeigte, wo die amerikanische neunte und erste Armee operierten, die Engländer und das Häufchen Franzosen, und man war sich einig, daß sie alle hier den Winter über noch durchhalten mußten. Die kommen im Frühjahr erst übern Rhein, sagte der kleine Pottmann, und bis dahin ist noch einiges los. Vor allem keine Spagitzkes mehr, mahnte Stumpe und sah dabei Fänä an. Das Wichtigste ist jetzt überleben.

Zum Überleben gehört zunächst einmal Essen und damit stand es mal wieder schlecht. Das beredeten Fänä und Franz im Pferdestall oft. Franz war jetzt fast einer von ihnen, wußte natürlich nichts von der Organisation, aber der kleine Pottmann hatte mit ihm gesprochen, verschiedenes klargestellt, ihm sicheres Unterkommen, Zivilzeug, Papiere bei Desertation, wenns soweit war, garantiert, und dafür erzählte ihnen der Obergefreite das, was er wußte.

Die beiden anderen Soldaten, verspielte junge Leute, ahnten nichts, und der dritte und der Feldwebel waren in einer Nacht zum Güterbahnhof geritten, wo man sie mit anderen Soldaten in Waggons gesteckt und zur Front transportiert hatte. Im Viertel gab es an Soldaten jetzt nur noch die drei. Es war nicht ganz klar, wozu man sie abgestellt hatte. Franz vermutete, daß sie nichts weiter sollten als die Quartiere halten, möglicherweise aber auch später unter Anleitung von Pionieren sprengen, denn Sprengzeugs gab es genug in den Quartieren, und Quartiere gab es an einigen Stellen in ihrer Stadt. Da lungerten sie nichtstuend herum, diese kleinen Soldatentrupps, wie in Bohrs Stall, zusammengerechnet vielleicht zwei Kompanien. Die Offiziere wohnten in einer Oberstadtvilla.

In den Gesprächen über das Organisieren von Lebensmitteln kam natürlich immer wieder die Marketenderei am Güterbahnhof vor. Zusammen mit dem Feldwebel und einem Schreiber war Franz dort gewesen, hatte die vollgestellten Regale, die Flaschen, Dosen, Gläser gesehen, die Säcke mit Mehl, die Fäßchen mit Butterschmalz, Pökelfleisch und die Eimerchen Öl in den Ecken, gestapelte Kartons und Kisten, Dinge, aus allen Ecken Europas gestohlen. Franz, der Feldwebel und der Schreiber hatten für die Kompanie Sonderverpflegung einholen müssen, zwei Kognakflaschen hatte Franz dabei stehlen können, und weil Franz nichts trank, hatte er mit seinen zwei Flaschen später den Feldwebel aushorchen können.

Wisch mußt du haben mit Stempel, sagte Franz, vom Kommandierenden unterschrieben. Damit gehst du auf Schreibstube von der Marketenderei. Die geben dir eine Empfangsbescheinigung, und damit gehst du von Kammer zu Kammer und kriegst da, was sie dir geben wollen. Der Wisch mit dem Stempel, der ist das Wichtigste. Alles andere ist dann einfach.

Und Franz bekam den Wisch, wie, hat er nie erzählt, ein Formular mit Stempel, und darin stand: Stärke der Truppe,

Anzahl der Offiziere und Mannschaften undsoweiter, und das füllte Franz aus und kratzte mit einem Federhalter in den Stempel eine Unterschrift, die niemand lesen konnte. Major Panewka heißt das, sagte er, wir warten bis morgen nachmittag, dann sind die da alle besoffen. Wer wir, fragte Fänä. Ich, sagte Franz, Viehmann und du.

Am nächsten Tag war Heiligabend und Fänäs Mutter sagte morgens beim Frühstück, mit der Bescherung wird es in diesem Jahr nichts. Wir gehen heut abend rüber zu Krachs, trinken Pülleken Wein. Lisbeth und Herta wollen nen Kuchen backen. Die anderen kommen auch. Treib dich nicht rum und sei pünktlich. Im Volksempfänger sangen Kinder „Leise rieselt der Schnee". Wart mal ab, sagte Fänä, vielleicht kommt der Weihnachtsmann noch.

Gegen drei nach Mittag fuhr der Panjewagen von Bohrs Hof. Auf dem Bock saß Franz, Fänä und Viehmann hockten unter der Plane. Sie trugen Winter-HJ-Uniformen, schwarz mit Aluminiumknöpfen, Kappe mit Schirm und am rechten Ärmel die weiße Volkssturmbinde. Die beiden anderen Soldaten waren seit dem frühen Morgen schon betrunken, in die Turnhalle bei den Gaskesseln gestolpert zur Bescherung mit den anderen Soldaten aus der Stadt. Einer mußte aber im Quartier bleiben, und dazu hatte sich Franz freiwillig gemeldet.

Als der Wagen am Wiegehäuschen vor dem Güterbahnhof vorbeifuhr, rief Franz nach hinten, setzt euch nach vorn, wir kommen an die Pforte zum Paradies. Er freute sich auf die Feier abends im Stall, wozu er die Nachbarn einladen und sie bescheren wollte mit den Gaben aus dem Vorratslager. Er lenkte den Wagen an die Rampe und zog die Bremse an. Das Tor zum Vorratslager stand offen, und sie sahen in einen langen Gang hinein, rechts und links waren Türen, und vorne aus dem Kontor, zu dem eine Treppe hinaufführte, hörten sie Singen und Lachen. Die sind in der richtigen Stimmung, sagte Franz, also kommt. Sie kletterten vom Bock auf die Rampe, gingen durchs Tor. Hallo, rief Franz paarmal, stieg dann die Treppe hoch zum Kontor. Wenn das man gutgeht, sagte Fänä. Sie konnten durch die Scheiben sehen, wie Franz den Wisch auf einen Tisch legte, redete, nach draußen zeigte, und wie ein Langer mit Glasauge und offener Uniformjoppe herumschrie, nicht böse, mehr so, weil er wahrscheihlich immer schrie. Dann kamen die beiden die Treppe runter, und der Lange brüllte lachend, na ihr Bürschchen, wollt den Krieg gewinnen. Weihnachten nicht bei Papi und Mami. Er stolperte auf der letzten Stufe, fiel fast, fluchte, und man sah, daß er ziemlich besoffen war. Nehmt euch, was ihr wollt, sagte er, heute kommt der Weihnachtsmann. Ist vielleicht eure letzte Bescherung, ihr Bengelchen. Soviel brauchen wir nicht, sagte Franz, sind nur zwei Züge, die heute gekommen sind, und hauen übermorgen schon wieder ab an die Front. Der Lange stierte sie an. Wie kann man nur so blöd sein, sagte er und schrie nach hinten in den langen Gang. Kundschaft, ihr besoffenen Säcke, hier ist unsere Wunderwaffe und will Fressen fassen.

Ein älterer Dicker kam schaukelnd und sabbernd an, stotterte betrunken herum. Gib ihnen was, schrie der Lange ihn an, Sonderverpflegung für diese Sondertruppe mit Sonderauftrag, und er kletterte wieder die Treppe hoch, sang „Wärft an die Motorään, gäbt Vollgaaas hinein". Der Dicke in Drillichhose und Unterhemd stolperte an ihnen vorbei an die Rampe und kotzte. So, sagte er dann, wischte sich das Gesicht ab, jetzt gehts wieder, ging vor ihnen her durch den langen Gang, öffnete eine Tür, und sie standen vor einem Tresen, dahinter war ein Regal, vollgepackt bis oben hin mit Flaschen, Konserven, Gläsern undsoweiter. Hier sind die feinen Spezereien, lallte der Dicke, was darfs sein, meine Herren. Kognak ließen sie sich geben. Der ist gut beim Kampf um den Endsieg, sagte Franz, und der Dicke mußte fast wieder kotzen vor Lachen. Ölsardinen, Früchte in Gläsern und anderes, was sie nicht kannten, schob der Dicke über den Tresen. Viehmann und Fänä schleppten alles zum Panjewagen. Aus einer anderen Kammer holten sie Mehl, Butterschmalz und Öl, einen großen Schweineschinken bekamen sie, Zucker und paar Arme voll Kommißbrot.

In jeder Kammer hockten andere, alle waren betrunken, sangen und schrien, und niemand kümmerte sich darum, was sie mitnahmen, aber Franz achtete darauf, daß alles unter den Augen der Marketender geschah. Als sie in die letzte Kammer kamen, da wo die Kleidungsstücke lagen, gab es eine gefährliche Überraschung. Auf dem Tresen, eine Flasche in der Hand, einen Soldaten am Hals und im Unterrock saß Inge Vordamm, kreischte vor Lachen, als sie die drei hereinkommen sah. Jetzt isses aus, dachte Fänä, erkannte in dem Soldaten den einarmigen Beschäler von der gestürzten Gerda Bertenkämper, erkannte dann aber auch, daß der nichts mehr sehen und hören konnte, und sagte leise zu Inge, wir teilen.

Der Dicke, der sie begleitete, drehte sich hinterm Tresen um. Ob sie die Kompaniematratze kennten. Inge Vordamm lachte. Ich kenn alle Soldaten, rief sie, trank aus der Flasche, und das, sie zeigte auf Fänä, ist mein Vetter, lachte wieder und wollte kein Ende finden mit Lachen. Hört nicht auf die, sagte der Dicke, die ist besoffen, nahm ihr die Flasche aus der Hand und trank. Inge Vordamm rutschte vom Tresen, legte den Einarmigen sanft auf das Holz, griff in die Regale. Hier, sagte sie, und legte Pullover um Pullover und Handschuhe und Decken auf den Tisch, daß ihr nicht erfriert, ihr Weihnachtsmänner. Lachte und ließ sich von dem Dicken befummeln.

Schnell raus, sagte Franz, als sie das Zeugs bis zum Hals

auf gestreckten Armen durch den langen Gang zur Rampe schleppten. Der Glasäugige kam nochmal die Kontortreppe runter zur Rampe, guckte unter die Plane in den Panjewagen und schrie, das ist ja für zwei Kompanien, na, haut ruhig ab, fröhliche Weihnachten und ein glückseliges Heilhitler. Franz nickte ihm zu. Bis zum Endsieg, sagte er, und da kriegte dieser Rottenführer einen Lach- und Hustenanfall, schrie mit hoher hustender Stimme, nein sowas, öffnete die Hose und schiffte über die Rampe.

Franz löste die Bremse, schnalzte, schlug die Zügel leicht auf die Pferde, streichelte sie mit der Peitsche und im kurzen Trab fuhren sie los am Wiegehäuschen vorbei und Viehmann und Fänä verschwanden wieder unter der Plane.

Tünnemann, Sugga und Zünder hatten den Stall geschrubbt und gekehrt und geschmückt. Strohsterne hingen von der Decke, und an die Decke stieß auch der Tannenbaum, voll mit Kerzen, aus Hindenburglichtern geknetet, und behängt mit den Silberstreifen aus amerikanischen Bombern, und um den Weihnachtsbaum herum im Kreis lagen Strohballen zum Sitzen und über paar Futterkästen lag ein Bettuch, weiß wie Schnee, den es draußen nicht gab, und auf diesen Gabentisch waren die guten Sachen gepackt. Es roch nach Harz, verbrannten Tannenzweigen, Pferdeschweiß und Kerzenwachs, und als Fänä die Stalltür öffnete und die Leute hereinkamen, war es wie mitten im Frieden. Das ist nicht zu fassen, sagte Makewka. Die Frauen schnüffelten und Viehmanns Opa weinte laut. Franz begrüßte die „lieben Nachbarn und Freunde", wurde geküßt, und Ah und Oh riefen alle am Gabentisch, man sezte sich auf das Stroh um den Tannenbaum. Kognak machte die Runde, sie lutschten Pralinen und Schokolade, rauchten Zigarren, sangen „O Tannenbaum, o Tannenbaum wie grün sind deine Blätter". Der kleine Pottmann hielt eine Rede, die zu lang geriet, so daß Berta Niehus flüsterte, komm zu den Schlußfolgerungen. „Still senkt sich die Nacht hernieder, rings das Land liegt tief verschneit" sang der kleine Pottmann vor, und der Regen klatschte dabei aufs Dach, aber die letzte Strophe sangen alle andächtig mit: „Lange Nacht, nun tagt es wieder, Friedenstraum wird Wirklichkeit, zukunftsfroh erklingen Lieder, o du schöne Weihnachtszeit." Fänä begleitete auf der Mundharmonika, Sugga hatte den Kopf an seine Schulter gelegt und Viehmann, der eine belgische Zigarre zwischen den Lippen hatte, ziemlich benebelt, Augen halb geschlossen, sagte, ich hör die Engelkes singen. Man hörte von weitem Bombeneinschläge. Aber in dieser Nacht gingen sie nicht in den Bunker.

Max Zimmering

WEIHNACHTSGESPRÄCH
IM WALDE

Ein junges Tannenpärchen stand
am windgeschützten Waldesrand
und plauderte ganz wohlgemut,
wie's, wer viel Zeit hat, gerne tut.
„Ich hatte", rief der eine Baum,
„heut einen wundervollen Traum:
Ich stand auf einem Weihnachtstisch,
der einem schönen Märchen glich.
Da saßen Kinder ganz beglückt,
weil ich so reich mit Licht geschmückt,
mit Eistau und mit Marzipan
und einem Schokoladenhahn
und andern guten Sachen,
die jedem Freude machen."

Das zweite sagte aufgeräumt:
„Hab ganz was Ähnliches geträumt.
Ich war wie du ein Weihnachtsgast
und trug die gleiche Zuckerlast.
Der Tisch war von Geschenken voll,
drei Kinder freuten sich wie toll,
als sie da ausgebreitet sahn
das Hauptgeschenk: die Eisenbahn!
Doch auch die Mutter war entzückt;
denn Eva hatte ihr gestrickt
ein warmes Winterhandschuhpaar
aus echter Wolle, wunderbar.
Und auch der Vater lachte froh;

dem hatten nämlich Lutz und Lo
Zigarren, die er liebt, geschenkt
und, denk dir nur – an mich gehängt,
wo sie mit andern Dingen
wie Tannenzapfen hingen."

Da hub das andre Bäumchen an:
„Als dann der Weihnachtsschmaus begann,
erfüllte sich des Zimmers Luft
mit einem angenehmen Duft,
denn auf dem Tisch stand knusprig braun,
fast zum Verlieben anzuschaun,
die Weihnachtsgans, so groß wie nie,
und Vater sagte: „Mutter, sieh,
wie ist die Tafel uns gedeckt
mit allem, was uns freut und schmeckt,
viel reicher, als es früher war,
doch ärmer als im nächsten Jahr;
denn wo das Volk sich selbst regiert,
ein steter Weg nach aufwärts führt,
weil das, was wir erschaffen,
nicht fremde Hände raffen.'"

Das zweite Bäumchen meinte nun:
„Bei uns, da gab es Fisch und Huhn,
auch Nußgebäck, auch Obst, auch Wein,
und Mutter sagte: ‚Weißt du, Hein,
wie ist doch wundervoll die Welt,
wenn nachts kein Bombenregen fällt,
wenn nicht des Krieges bittre Not
der Menschen Haus und Hof bedroht,
wenn jedem Volk beschieden
der Frieden, Frieden, Frieden!"

Ein junges Tannenpärchen stand
am windgeschützten Waldesrand
und plauderte ganz wohlgemut,
wie's, wer viel Zeit hat, gerne tut.
Die Worte, die sie ausgetauscht,
die habe ich für euch belauscht,
und sitzt ihr dann beim Weihnachtsbaum,
denkt an der beiden Bäumchen Traum.
Ich selbst wünsch euch das Beste
zum frohen Weihnachtsfeste.

Luise Rinser

DER ENGEL LÜGT

s ist sehr lange her, da kam ein Engel auf die Erde. Keiner von den Hirten hatte je einen Engel gesehen. Darum erschraken sie sehr, als er plötzlich mitten in der Nacht zu ihnen auf das freie Feld kam. Da stand er, nicht weit von ihnen entfernt, auf einem Hügel im Wind und sang.

Er sang: „Friede den Menschen auf Erden."

„Was sagt er?" fragte ein alter Hirt, der schwer hörte.

„Er sagt etwas von Frieden", antwortete sein Enkel.

„Ah, Friede!" rief der alte Mann und begann vor Freude zu weinen. „Hört ihr: Er verkündet uns den Frieden."

„Was ist das: ,Friede'?" fragte der Junge. „Das kenne ich nicht."

„Friede", antwortete ein Hirte, „das ist: wenn wir genug Brot haben für uns und unsre Kinder, und ein Dach überm Kopf, und Holz, um uns zu wärmen, und kein Reicher darf uns schlagen."

„Oh", rief der Junge und klatschte vor Freude in die Hände, „und der Engel sagt, der Friede wird kommen! Dann werde ich nie mehr hungern müssen! Und keine Prügel bekommen, wenn mir ein Schaf weggelaufen ist? Warum weinst du da, Großvater?"

„Und", fuhr ein Älterer fort, „vielleicht wird uns dann auch kein Wolf mehr Schafe stehlen und kein Räuber aus dem Gebüsch und in der Dunkelheit uns überfallen?"

„Und ich", sagte der, der immer ihr Wortführer war,

„ich werde nicht mehr aus dem Haus unsres Brotherrn geworfen werden und von Hunden gehetzt, wenn ich mehr Lohn für uns verlange?"

„Und Vater wird nie mehr die Mutter schlagen?" fragte der Junge, aber sein Vater stieß ihn mit der Stiefelspitze in die Kniekehle.

„Friede", sagte einer, „das ist, wenn alle Menschen gut zueinander sind und jeder den andern gelten läßt."

„Das wird nie sein", murmelte einer der Hirten, er war noch jung.

Aber die andern riefen: „Schweig still. Hörst du nicht, was der Engel singt? Glaubst du, ein Engel lügt?"

Da rief der junge Hirt, er rief über das weite Feld hin, und seine Stimme klang sehr laut und herausfordernd in der Nacht, er selbst erschrak, als er sie hörte: „Engel, sag uns: Wann wird das sein, Friede?"

Sie standen alle da und zitterten vor Kälte und Aufregung, und sie warteten auf die Antwort.

Aber der Engel antwortete nicht. Sein Gesang war leiser geworden, ein wenig heiser auch, wie es schien, und unsicher, und dann verstummte er ganz.

„Warum schweigst du?" rief der junge Hirte.

„Er weiß es nicht", sagte ein anderer bestürzt.

„Er soll es uns sagen", schrie der junge Hirte zornig. „Kommt, wir wollen zu ihm gehen, wir wollen ihn festhalten und ihn nicht eher freilassen, bis er es uns gesagt hat."

Sie liefen alle über das Feld hin, sie vergaßen ihre Herden und liefen und liefen, bis sie bei dem Hügel angelangt waren, auf dem der Engel stand. Er blickte ihnen traurig entgegen. Die Hirten wurden verwirrt und sahen einander verlegen an. Aber der junge Hirte trat vor den Engel hin und sagte: „Warum hast du geredet, wenn du nichts weißt? Wer überhaupt hat dich hergeschickt, um uns zu stören? Nun gib Antwort, du!"

Da winkte ihn der Engel zu sich. „Sieh, was ich sehe", sagte er leise, „und hör, was ich höre."

Da sah der Hirte hinter einem großen Felsblock einen andern Engel sitzen, in einer schwarzen Rüstung, die dunkel glänzte, als das Licht des hellen Engels auf sie fiel.

„Schweig", sagte der schwarze Engel schwermütig zu dem hellen Engel. „Schweig. Warum versprichst du, was nicht gehalten werden kann?" Er hob langsam die Hand und zeigte mit dem Finger in die Nacht.

„Was ist das?" flüsterte der junge Hirte erschrocken.

„Das ist der Krieg", antwortete der schwarze Engel.

„Eine Stadt brennt", rief der Hirte. „Städte, viele Städte, ein ganzer Landstrich, an allen Enden brennt es. Und dort an kahlen Bäumen hängen Leichen, sie schaukeln in dem Luftzug, der vom Feuer herstreicht, und dort, eine Mauer spaltet sich und fällt, sie erschlägt die Kinder. Engel, hilf, siehst du es denn nicht? Die Kinder!"

Der helle Engel bedeckte sein Gesicht mit den Händen, der schwarze saß regungslos. Er sah nicht hin. „Es ist Krieg", sagte er gleichmütig.

„Oh, sieh doch", rief der Hirte, „Frauen und alte, ganz alte Männer und Kinder, kleine Kinder, sie stehen an einem Graben, den sie selber ausgeschaufelt haben, und sie werden getötet, einer nach dem andern, und die Toten sind auch nicht tot. Sie bewegen sich noch. Aber man wirft schon Erde auf sie. Man muß es den Leuten doch sagen, Engel!"

„Es ist Krieg", sagte der Engel, ohne sich zu rühren.

„Und dort", rief der Hirte, „dort auf dem Feld, da erschlagen sich Menschen, sie stechen einander tot, sie zerspalten sich die Köpfe, sie treten denen, die schon auf dem Boden liegen, mit den Stiefeln in die offenen Augen. Und Pferde, Pferde dazwischen, was tun Pferde da, warum müssen sie sterben?"

„Ich sagte dir doch: Es ist Krieg", sagte der schwarze Engel.

„Aber warum, Engel, warum ist Krieg?" fragte der Hirte und zitterte.

„Um des Friedens willen", sagte der schwarze Engel.

Der junge Hirte starrte ihn an, denn er verstand ihn nicht. „Aber Friede ist etwas Gutes", sagte er, „und Krieg ist etwas Schlimmes. Wie kann aus dem Schlimmen das Gute kommen?"

Der dunkle Engel sah ihn an, dann fragte er: „Möchtest du reich werden?" – „Ja", antwortete der Hirte, und seine Augen leuchteten. „Ja, ich möchte gern reich werden."

„Du bist sehr arm", sagte der Engel, „und andere sind reich. Wenn nun die Reichen den Armen von ihrem Reichtum gäben?"

„Das tun sie nicht", antwortete der Hirte traurig.

„Wenn sie es nicht freiwillig tun, so wird man sie zwingen müssen", sagte der Engel. „Es wird nicht ohne Waffen, Feuer und Blut abgehen."

„Ach", sagte der Hirt und senkte seinen Kopf.

Der Engel sah ihn lange an, dann fragte er ihn: „Möchtest du weniger Steuern zahlen?"

Der Hirt hob seinen Kopf. „Ja, natürlich möchte ich das."

„Wer fordert die hohen Steuern von dir?" fragte der Engel.

„Die Römer", rief der Hirt, „sie haben das Land besetzt und treiben die Steuern ein, sie brauchen Geld für ihr Heer."

„So jagt sie aus dem Land", sagte der dunkle Engel. Der Hirte blickte ihn bestürzt an. „Aber sie werden nicht gehen."

„Dann werdet ihr sie mit Gewalt vertreiben müssen", sagte der Engel gleichmütig.

Der Hirt senkte zum zweitenmal seinen Kopf, aber der Engel fuhr fort:

„Möchtest du, daß du ein Haus hättest, ein großes Steinernes Haus und ein Gewölbe voll kostbarer persischer Teppiche zum Verkauf?"

„Oh", sagte der Hirt, „woher weißt du, daß ich mir das in meinen Träumen wünsche?"

„Soll ich dir sagen, wie du es bekommen kannst? Dein Volk müßte die Völker im Osten eures Landes besiegen und ihnen ihre Schätze nehmen. Dein Volk müßte reich werden, dann würdest auch du reich sein."

„Ach", sagte der Hirt, „sie hüten ihre Schätze streng."

„Dann muß man sie ihnen mit Gewalt wegnehmen", sagte der Engel.

„Die andern, immer die andern haben das, was man braucht: das Öl, die Kohle, das Eisen, die Kanäle und die Macht."

Als der junge Hirte schwieg, fuhr der Engel gleichmütig fort:

„Möchtest du nie mehr Streit mit jemand haben?" – „Nein", rief der Hirt, „nie mehr Streit." – „Aber die andern sind nicht einer Meinung mit dir. Sie haben ihre eigenen Gedanken, sie haben einen andern Glauben, sie essen verbotenes Fleisch, sie haben andere Götter, sie beten Götzen an. Wie kannst du dich mit ihnen vertragen, da sie Feinde deiner Idee sind?"

„Man muß sie bekehren."

„Sie werden sich nicht bekehren lassen wollen. Man wird sie mit Gewalt von ihrem Glauben lösen müssen. Es wird nicht ohne Blut und Tränen abgehen."

Der Hirt bedeckte sein Gesicht mit seinen Armen. „Hör auf", flüsterte er, „hör auf. Ich ertrage es nicht mehr."

Der dunkle Engel sah ihn lange an, dann sagte er: „So willst du also arm bleiben, dein Leben lang Schafe hüten,

dich von den Reichen strafen lassen, hohe Steuern zahlen
und es dulden, daß andere mächtiger sind als du und dein
rechtgläubiges Volk?"

„Ach", sagte der Hirte, „wie du mich quälst. Du weißt
doch, daß ich reich sein will und mächtig, du weißt es
doch."

„Dann wähle den Krieg", sagte der dunkle Engel.

„Genug", rief der helle Engel laut, „genug". Er packte
den jungen Hirten am Arm. „Blick dorthin", rief er, „sieh
genau hin. Was siehst du?"

„Steine", sagte der Hirt, „nichts als Steine. Ein Feld
voller Steine. Eine Ruine. Im Keller ein totes Kind und
Ratten. Auf einem freien Platz drei Frauen, die sich schlagen. Um einen Kohlkopf schlagen sie sich. Und dort an
einem Fensterkreuz ein Mann; der hat sich aufgehängt. Er
sieht aus, als wäre er verhungert."

„Und weiter, weiter?" fragte der helle Engel, „was siehst
du weiter?"

„Ein Haus, in dem Männer sitzen. Sie sprechen, oh,

wovon sprechen sie? Sie sagen: Man muß sich rächen. Man muß Krieg führen gegen das Volk, das siegte."

Er senkte seinen Kopf. „Laßt mich gehen", sagte er. Sie ließen ihn gehen. Als er wieder zu den andern kam, bedrängten sie ihn mit Fragen.

„Weißt du nun, wann der Friede kommen wird?" riefen sie.

„Wenn kein Stein mehr auf dem andern ist und wenn der letzte Sieger seinen Fuß auf den Nacken des letzten Besiegten setzt und alle Macht für sich allein hat, dann –", sagte er trotzig und böse und ging fort, ganz allein in die Nacht hinein. Sie sahen ihm verwundert nach.

„Er führte immer schon solch schlimme Reden", sagte einer.

„Aber er sprach von Macht", rief ein andrer. „Wenn wir Macht haben, dann ist Friede, hat er gesagt."

„Nein", rief ein dritter. „Das hat er nicht gesagt."

„Doch", schrien die andern. Es wurde ihnen heiß wie von schwerem Wein.

„Doch, er sprach davon. Er meinte uns, die Armen. Er kann ja gar nichts anderes meinen. Denn jetzt haben die Reichen und die Römer die Macht, und es ist schlecht und ist nicht Friede. Also müssen wir die Macht bekommen, dann wird Friede sein."

„So ist es", riefen die andern. „Hört, da singt der Engel wieder."

Sie hörten es ganz nah. Und nun hörten sie die Worte deutlich: „Friede den Menschen auf Erden, die eines guten Willens sind."

„Ah", sagte der Alte plötzlich, der sonst so schwer hörte, „jetzt verstehe ich. Er verkündet nicht einen Frieden, wie ihr ihn meint. Er verkündet nur den Frieden, den jeder von uns sich selber geben kann: den Frieden mit sich selbst und mit dem Leben."

„Nein, nein", schrien die andern, „damit lassen wir uns nicht abspeisen. Er verspricht uns den großen Frieden der Welt. Hört doch!"

Aber der Engel war fort, und sie hörten nichts mehr als das Wehen des Windes über dem Feld.

Der Älteste seufzte und ging fort. Vier oder fünf folgten ihm langsam und unentschlossen. Drei aber blieben auf dem Felde.

„Wir warten", sagten sie, „wir warten, bis der Engel wiederkehrt. Dann wollen wir ihn über alles fragen, er darf uns nicht mehr entkommen."

Der Engel kam nicht wieder. Aber als die Hirten starben, übergaben sie den Auftrag zu warten ihren Söhnen, und als die Söhne starben, übergaben sie ihn ihren Söhnen, und so fort und immer fort, und auch heute stehen drei oder vier auf dem kahlen Feld und warten auf die Wiederkehr des Engels. Aber der Jüngste trägt unter seinem dünnen Mantel eine Keule, um den Engel zu erschlagen, der gelogen hat.

Pierre Reverdy

WEIHNACHTS-PARIS

Es schneit auf dem Mont Blanc
und eine große Glocke läutet in ihm
Bis hinunter steigt eine Prozession in Schwarz

Die Herzen brennen unter der Asche
Ein ungeheurer Schatten kreist um Sacré-Coeur
Das ist Montmartre
Der Mond ist der Kopf
rund wie dein Gesicht

Zu Zeiten heißerer Flammen
und in unseren Tagen
hat jeder einen kleinen Stern
Sie kriechen
Die Straße ist schwarz und der Himmel klar

Ein Mann allein wacht dort oben
in langem weißem Gewand
Morgen ist ein Sonntag

Man geht fort aus diesem Haus ohne daß es so aussieht
Man ist lustig
Ein Glück das noch zittert ist geboren

Das größte Feld der Welt ist umgedreht
und die Tiere laufen
Sie wollen nicht mehr sehen was sich ereignet hat
Das alte Wunder ist überholt

Aus dem Grund des Schattens wo alles in Bewegung
steigt ein Mann barhäuptig
Die Sonne stützt sich auf seinen Kopf
Wenn man ihn nicht mehr sieht beginnen sie das Fest

Mitternacht

Ein Mann geht voraus und man folgt ihm

Die Seine ist da
und man hört Schritte auf dem Wasser

Alles übrige geht in den Nachtlokalen vor sich

Jacques Brel

WAS, WENN ES WAHR WÄRE

Was, wenn es wahr wäre
Wenn er wirklich in Bethlehem geboren wäre
in einem Stall
Was, wenn es wahr wäre
Wenn die heiligen drei Könige wirklich
gekommen wären von weit weither
um ihm Gold zu bringen, Weihrauch und Myrrhe
Was, wenn es wahr wäre
Wenn alles wahr wäre, was sie geschrieben
haben, Lukas, Matthäus und die beiden
andern
Was, wenn es wahr wäre
Wenn es wahr wäre, das Wunder der Hochzeit von
Kana, die Geschichte des Lazarus
Was, wenn es wahr wäre
Wenn wahr wäre, was die kleinen Kinder
erzählen am Abend vorm
Einschlafen
Ihr kennt es wohl, wenn sie sagen
Vater Unser, wenn sie sagen
Heilige Mutter
Wenn es wahr wäre, all das, dann würde ich ja sagen
o gewiß würde ich ja sagen
Weil dies alles so schön ist
wenn man glaubt, daß es wahr ist.

Peter Schütt

WEIHNACHTSWUNSCH

Auch zu Weihnachten
wird uns nichts geschenkt:
Vom Himmel hoch,
da kommt nichts her.
Friede auf Erden,
den müssen wir selber machen.
Den Menschen ein Wohlgefallen:
wer den Hirten auf dem Felde
was geben will, der muß
es dem Kaiser Augustus nehmen.
Das ist meine Frohe Botschaft!

Peter Schütt

WEIHNACHTSBALLADE 1978

Die Beamten, die im Schnellzug
München-Salzburg die Personenkontrolle
durchführten, blieben gelassen,
obwohl die Verdachtsmomente nicht
zu übersehen waren: fast schulterlanges
Haar, der Blick eines Fanatikers,
ungepflegte Kleidung, die auf einen Hang
zum Anarchismus hinzudeuten schien.
Ein Grenzschützer blieb auffällig
unauffällig auf dem Gang stehen,
während sein Kollege ins Abteil
trat und den Verdächtigen
um seine Papiere bat.

Sie sind Araber? Bin ich.
Gehören Sie der PLO an?
Ich trete für Gewaltlosigkeit ein.
Sind Sie Mitglied einer K-Gruppe?
Der Verhörte zögerte. Nein, die Kirche
führt mich höchstens als Ehrenmitglied.
Sind Sie privat oder dienstlich
unterwegs? Ich befinde mich
auf einer vorweihnachtlichen
Geschäftsreise zu den Agenturen
in Westeuropa . . .

Inzwischen hatte der andere
das Foto des Verdächtigen
im Fahndungsbuch ausgemacht.
Eindeutig, es handelte sich
um eine Leitfigur des internationalen
Terrorismus. Der Gesuchte,
hieß es, wechselt häufig seine Namen –
Wunderbar, Kraft, Rat, Friedefürst,
Ewigvater – und besitzt wenigstens
einen griechischen, römischen
und jüdischen Paß. Er hat
die Fischer am See Genezareth
aufgewiegelt, hat in der Wüste
Jordaniens eine Hungerdemonstration
organisiert und in Jerusalem
eine religiös verbrämte Volkserhebung
gegen die heimischen Geschäftsleute
und Bankherren angezettelt. Er ist
Anführer einer kryptokommunistischen
Zelle, der nach Angaben des Überläufers
Judas Ischariot mindestens
zwölf Terroristen angehören.

Die Beamten handelten
umsichtig. Kurz vor der Grenze
brachten sie den Zug zum Halten,
ein GSG 9-Kommando, das über Funk
alarmiert worden war, stieg hinzu
und nahm den Verdächtigen
nach kurzem Wortwechsel fest:
Er wurde als der staatenlose
Jesus von Nazareth mit dem Decknamen
Christus identifiziert.

Peter Maiwald

WEIHNACHTEN

Vor dem Baum
fragt sein Sohn:
Wer war Jesus?
Ein Revolutionär,
sagt B.
Was ist aus ihm
geworden?
Er predigte die Liebe,
antwortet B., und
nach einer Pause:
zu allen.
Auch zu seinen Feinden?
Ja.
Was geschah?
Sie legten ihn aufs Kreuz.

Peter Schütt

KRIPPENSPIEL

Auf dem Nürnberger Christkindlmarkt
wird alle Jahre wieder
eine mechanische Krippe
aus dem letzten Jahrhundert
gezeigt: Wirft man
eine Münze in den Opferstock,
setzt sich der Automatismus
in Bewegung.
Die Engel flattern,
die Hirten frohlocken,
Ochs und Esel lecken
ihr Maul, Herodes zückt
sein Schwert, Maria
und Josef und das Kind
erstrahlen unter
ihrem elektrischen Heiligenschein.
Nur an einer Stelle
stockt der fromme Zauber:
die Heiligen Drei Könige,
ein Jahrhundert lang
dazu verdammt, nach dem Einwurf
eines Geldstücks demütig
mit dem Kopf zu nicken,
spielen nicht mehr mit.
Die Mohren haben
ihre Schuldigkeit getan,
sie halten den Kopf hoch
und machen sich nichts mehr
aus Weihrauch und Myrrhe.

Jochen Meier

NACHTSCHICHT VOR HEILIGABEND

 angsam füllt sich die Kaue. 23.30 Uhr. Müde, mürrische Gesichter, mit trägen Bewegungen wird der Haken mit den Grubenklamotten heruntergelassen. Maulfaul steigen sie in die dreckigen Arbeitsanzüge, die Hosen stehen vor Kohlenstaub, Öl und Schweiß.

Letzte Zigarette vor der Anfahrt, endlich kommen Gespräche auf.

„So'n Mist, jeder Penner sitzt jetzt zu Hause, nur wir nicht. Der Kumpel ist eben immer der Dumme!"

„Bloß aufpassen heute, sonst liegste morgen im Krankenhaus und deine Frau mit dem Weihnachtsmann im Bett!"

Unterdrücktes Gelächter.

„Hat jeder was mit, wie ausgemacht?"

Alle grinsten.

„Von wegen, du als Drittelführer schluckst 'n Haufen Prämie, da kannste auch mal richtig einen ausgeben, alter Laumann!"

„Los, gleich ist Seilfahrt!"

Seufzend erhebt sich alles. Lampe, Filter, Stechkarte.

„Geh mal einer zur Markenkontrolle, wir kommen früher raus, der kriegt 'ne Pulle Bier, soll das mit den Karten klarmachen."

Seilfahrt, Personenaufzug, alle pennen.

Vor Ort überfällt sie die Hitze, treibt den Schweiß aus allen Poren. Kein Mensch ist zu sehen, die Kumpels der 18-

Uhr-Schicht haben sich schon früher auf die Socken gemacht . . .

Von wegen „Ablösung vor Ort" – vor Heiligabend beißen die Letzten die Hunde!

„Diese Hucken! Uns haben sie 'nen Haufen Kohle hingelegt, wir sollen wegladen und verbauen, über die Feiertage darf doch nichts offen bleiben – und dann womöglich noch längermachen! Das gibt schönes Weihnachten!"

„Ach Quatsch. Wir buttern nicht. Wenn die Stempel stehen, ist Sense."

Der Steiger kommt aufgeregt hinzu, will auch nicht als Letzter ausfahren. „Schafft Ihr das?"

„Nun reg dich ab. Schreib 'n Schein für Bier, dann haut das schon hin. Los, ran an die Buletten!"

Die Kappen sind schnell aufgelegt und verzogen. Glück gehabt, prima ausgeschossen, kein Abbauhammer ist nötig.

Der Ladewagen rappelt, ächzt und stöhnt, der Panzerförderer nimmt quietschend und klappernd seine Arbeit auf. Ohrenbetäubender Lärm, gegenseitiges Anpöbeln aus trockenen Mündern, erregte Rufe, glänzende Augen in schwarzen schweißnassen Gesichtern.

„Hast schon auf die Uhr gesehen? Das klappt ja heute!"

„Komm, quassel nicht, laß geh'n. Hoffentlich reißt uns nicht die Panzerkette, bloß das nicht!"

Schon werden die Stempel herangeschleppt, kaum hängen sie an den Kappen, plappert der Schlagschrauber los und zieht die Schlösser fest.

„Verziehen, los, dann sind wir fertig! Wenn Ihr faulen Säcke Euch immer so bekümmern würdet, müßten die sich totbezahlen an Löhnen. So, jetzt können die uns mal – Feierabend!"

Schnaufend sinken alle am Stoß nieder, trocknen sich ab, Schweißhemden werden ausgewrungen.

Aus der Leitung läuft Wasser auf einen Karton Bierdosen.

Der passionierte Kaninchenzüchter verteilt gebratene Kaninchenbollen.

Leise flüstert einer: „Sagt bloß nicht ‚Karnickel‘, sonst ist der sauer."

„Macht mal die Neonlampe aus, hängt die Kopflampen an den Verzug, so wie 'n Weihnachtsbaum. Früher, mit den Handlampen, ging's noch besser."

Die Strecke ist stockdunkel, nur die mit Butterbrotpapier abgeblendeten Lampen geben einen trüben Schein. Bierdosen werden knackend und zischend geöffnet, halblaute Gespräche.

„Früher mußten die Kumpels sogar am Heiligen Abend malochen, kamste nicht, kriegteste auch die Feiertage nicht gelöhnt."

„Schreib doch 'n Dankesbrief nach Bochum an die Gewerkschaft, die freuen sich über Lob von der Basis."

Der junge Türke, erst drei Monate dabei, hört neugierig zu.

„Komm, Mehmed, trink einen mit, obwohl – eigentlich darfste das ja nicht, von wegen Koran oder wie das Zeug heißt." Grinsend schüttet der Junge eine Dose Bier in sich hinein, schluckt Korn hinterher.

Die Kaninchenknochen fliegen herum. „Damit die Mäuse über die Feiertage auch was haben!"

Unterhaltung über den Festtagsbraten, Geschenke, die Familie. Leise werden Weihnachtslieder angestimmt.

„He, wo hast du denn Singen gelernt, auf der Baumschule?"

„Du Blödmann! Ich bin schon zehn Jahre bei ‚Liedertafel‘!"

„Ja, zum Notenausteilen, aber nicht zum Singen!"

„Meine Oma, die kann Weihnachtslieder singen, die ist noch vom alten Schlag . . ."

„Ach, deshalb hast du 'n Schlag weg!"

Lachen, Schulterklopfen, keiner ist dem anderen böse, die Blödeleien entkrampfen die Hektik der vergangenen Stunden, das bevorstehende Fest macht alle friedfertig.

Ein Blick auf die Uhr. „Kommt, wir hau'n ab, damit wir einen Kohlenzug erwischen."

Am Schacht ist es eiskalt, die Männer frösteln in ihren verschwitzten Sachen. Die nassen Schweißhemden hängen am Gürtel neben der leeren Kaffeeflasche, Lampentasche und CO-Filter. Die Jackenkragen sind hochgeschlagen, die Hände stecken tief in den Hosentaschen. Wirr hängen die verklebten Haare unter dem Schutzhelm hervor, vom Kohlenstaub gerötete Augen suchen sehnsüchtig den Förderkorb.

„He, Anschläger, du Penner, laß den Korb kommen!"

Murrend kommt der aus einer warmen Ecke, dick eingemummt.

Seilfahrt, gelöstes Blödeln und Albern.

Aus der Steigerkaue wird Bier geholt, noch schwarz, vorm Duschen getrunken, gierig an der ersten Zigarette gezogen.

„So, mehr nicht, wir wollen doch nicht besoffen nach Hause kommen." Einverständiges Nicken.

„Klar, heute abend können wir auch noch einen zur Brust nehmen, laßt uns waschen."

Duschen, umziehen, großes Verabschieden und Glückwünschen."

„War doch 'ne dufte Schicht, hat noch mal hingehauen!"

„Trotzdem, Nachtschicht vor Heiligabend ist doch Scheibe. Ich nehme mir nächstes Jahr 'nen Krankenschein."

„Das sagste heute. Was soll's, ist ja vorbei. Also, frohe Weihnacht, Kumpels!"

Hans-Jürgen Harder

BUMMELZUG NACH BETHLEHEM

Nicht mehr warten
auf das Glückslos der Klassenlotterie,
auf den Kuß der Eisprinzessin auf Mallorca,
auf die Familie im Reihenhaus,
auf den sicheren Arbeitsplatz
(durch neue Rüstungsaufträge).

Guter Mensch von Sezuan,
pack deine Sachen ein im Schauspielhaus,
fahr ab zum Menschensohn,
im Wartesaal sitzen
arbeitslose Hirten
(es fährt ein Bummelzug nach Bethlehem).

Ludwig Fels

VOM HIMMEL TIEF

Grad war ich Einkaufen
was fürn Kopf
und was fürs Aug.
Meiner Mutter Gummihandschuhe
zum Haushaltsgebrauch. Meiner alten Patin
eine große Flasche für den Kreislauf.
Meiner Frau Schallplatten. Meinem Bruder ein
Buch. Dazu andere Kleinigkeiten für
Bekannte Verwandte. Topflappen
und Marmorkatzen.
Unter den Haaren hats mich gefrorn
obwohl die Wintersonne schien.
In Turnschuhen bin ich überall rein
grauen Schnee an den Sohlen
war schneller als die in ihren
pelzverstopften Stiefeln. Das Geld
kriegte Flügel. Die Kassen
klingelten heidnisch.
Mit Hebekränen spannten Stadtarbeiter
Tannenzweiggirlanden über die
Straßenbahnoberleitung und stellten an
jede Ecke abgehackte Bäume.
Mein Herz bekam einen Sprung
wahnsinnig besoffen im Geschenkpapierdreß
ein Schleifchen um den Hals
für alle Fälle.

Gerd Puls

24. DEZEMBER, NACHMITTAGS

Grauhaarig
im Kostüm
zwei Taschen
voller Kuchen
schon am Arm
steht sie da
wartet darauf
in den Opel
des jungen Ehepaares
einzusteigen
die Feiertage
in dessen Wohnung
zu verbringen

Die junge Frau
zu ihrem Bruder
nächstes Mal
nehmt ihr sie aber

Gerd Puls

MANCHMAL IM WINTER

manchmal im Winter
wenn ich beim Einkaufsbummel
auf festlich geschmückter Straße
in Mandelaugen blicke
wünsch ich mich in Länder
weit im Osten tief im Süden
nicht nur der Sonne wegen
wünsch ich mir Mandelaugen
braune Haut eine Bambushütte
unter den Bäumen des Dschungels

manchmal im Winter
wenn ich verloren bin
in Träumen sanft und warm
mahnen mich Mandelaugen
daß Bambushütten brannten
der Dschungel sein Laubdach verlor
das Kind seine Eltern
manchmal im Winter wünsch ich
auf weihnachtlicher Einkaufsstraße
wir säßen unter Bäumen ohne Angst

Agnes Hüfner

WEIHNACHTEN ZU HAUSE

Ihr Kinderlein kommet, o kommet doch all,
zur Krippe herkommet in Bethlehems Stall/Pst!
Und seht, was in dieser hochheiligen Nacht/Ruhe!
Könnt ihr nicht mitsingen/
Der Vater im Himmel/Na wirds bald/für Freude uns macht.

O seht in der Krippe/leg die Puppe jetzt endlich weg/im
nächtlichen Stall/Hände auf den Tisch/
seht hier/Kopf hoch/bei des Lichtleins hellglänzendem,
zieh nicht son Gesicht/Strahl/
In reinlichen Windeln/du wäschst dir aber gleich mal die
                                                              Hände/
das himmlische Kind/Schmutzfink/
viel schöner/abscheulich/und holder/und die Fingernägel/
als Englein/pfui Teufel/es sind.

Da liegt es/lümmel dich nicht so rum/ihr Kinder auf Heu/
das gute Sofa/und auf Stroh/war teuer genug/
Maria/ich muß das schließlich wieder sauber machen/und
                                                              Josef/
du könntest deinen Kindern auch mal was sagen/betrachten
                                                              es
froh/immer hab ich den Ärger/
Die redlichen/ich geb mir doch bei Gott genug Mühe/
                                                              Hirten
racker mich ab/knie betend/auf den Knien/davor/für euch/
hoch oben/aber ihr/schwebt jubelnd/rotzfrech/der
                                                              Engelein/
Flegel/Chor.

Sarah Kirsch

ZWISCHENLANDUNG

Wenn es auf Weihnachten zugeht
kehren die Dichter
zu ihren tüchtigen Frauen zurück
Ach was sind sie das ganze Jahr
über die Erde gelaufen
was haben sie alles gehört was
nachgedacht, ihre Zeitung geschrieben
durch Fabriken gestiegen, den Kartoffeln
brachten sie menschliche Umgangsformen bei, sahn
dem Rauch nach der kriecht und steigt
sie haben alles geschluckt manchmal Manhatten-
Cocktails wegen des Namens, sie verschärften
den Klassenkampf meditierten
über das Abstrakte bei Fischen, bis eines Tags
durch ihre dünnen Mäntel die Kälte kommt
Sehnsucht
nach einem wirklichen Fisch in der Schüssel
sie jäh überfällt und Erinnerung
an die Frau die sich am Feuer gewärmt hat
da bleibt
der Zorn in den großen Städten zurück, sie kommen
mit seltsamen Hüten für ihre Kinder
spüln sogar Wäsche spielen Klavier, bis
sie es satt haben nach Neujahr, da
brechen sie Streit vom Zaun, gehen erleichtert
weg in den Handschuhn von unterm Weihnachtsbaum

Erich Fried

BETHLEHEM HEISST AUF DEUTSCH
HAUS DES BROTES

Jetzt ist wieder ein Kind verhungert
Jetzt ist wieder ein Kind verhungert
Diesen Satz kannst du sagen
sooft du willst
    Während du ihn sagst
    verhungert wieder ein Kind
    denn du brauchst zu dem Satz
    etwa zweieinhalb Sekunden
Das ist ungefähr richtig
denn 12 Millionen Kinder
verhungern in jedem Jahr
Jetzt ist wieder ein Kind verhungert
    Halt: Das stimmt nicht
    In Wirklichkeit sind es viel mehr
    Gezählt wurden hier nur die Kinder
    im Alter von unter fünf Jahren
Die älteren Kinder
sind gar nicht mitgerechnet
auch nicht die Väter und Mütter
die gleichfalls verhungern
    Verglichen etwa
    mit dem Kindermord des Herodes
    zu Bethlehem
    sind auch 12 Millionen schon zu viel
Doch es gibt größere Zahlen
zum Beispiel Rüstungsausgaben:
derzeit fünfhundertfünfzig
Milliarden Dollar im Jahr

Das geben die Herren der Welt aus
in *einem* Jahr
zu ihrem Schutz voreinander
und jedes Jahr wird es mehr
Auch König Herodes hat damals
die Kinder in Bethlehem
sterben lassen
um seine Herrschaft zu schützen
   550 Milliarden
   durch 12 Millionen Kinder
   das ergibt pro verhungertes Kind
   125 Dollar am Tag.
Mit weniger als
einem einzigen Dollar pro Tag
hätte keines von diesen Kindern
verhungern müssen
   Und auch wenn wir nicht nur die Kleinsten
   sondern alle Hungernden nehmen
   kommen auf jeden von ihnen
   150 Dollar im Monat
Nur kommt dieses Geld nicht wirklich
zu diesen Menschen:
Nicht 150 Dollar
im Monat für jeden der hungert
   und nicht 125
   täglich für jedes Kind
   unter fünf Jahren das hungert
   sondern gar nichts: Drum sterben sie weiter
Herodes wollte sie schützen
wie die Herren von heute – doch er
ließ in Bethlehem nur eine Handvoll
Kinder sterben

Keine 12 Millionen im Jahr
Jetzt ist wieder ein Kind verhungert
Und Bethlehem heißt auf deutsch
Haus des Brotes

John Dryden

EPILOG
AUF DAS XVII. JAHRHUNDERT

In allem der einzige Sinn:
deine Jagd traf das Tier nur, das scheue;
deine Kriege sind keinem Gewinn;
deine Buhlen, die brachen die Treue;
es ist gut, daß das alte ging hin,
es ist Zeit, daß beginne das neue.

Boleslav Strzelewicz

STILLE NACHT, HEILIGE NACHT

Stille Nacht, heilige Nacht!
rings umher Lichterpracht.
In der Hütte nur Elend und Not,
kalt und öde, kein Licht und kein Brot,
schläft die Armut auf Stroh,
schläft die Armut auf Stroh . . .

Stille Nacht, heilige Nacht!
Drunten tief in dem Schacht
Wetterblitzen; in drückender Fron
gräbt der Bergmann um niedrigen Lohn
für die Reichen das Gold,
für die Reichen das Gold . . .

Stille Nacht, heilige Nacht!
Henkersknecht hält die Wacht!
In dem Kerker gefesselt, geächt',
Leidend, schmachtet für Wahrheit und Recht,
mutiger Kämpfer Schar,
mutiger Kämpfer Schar . . .

Stille Nacht, heilige Nacht!
Arbeitsvolk halte Wacht!
Kämpfe mutig mit heiliger Pflicht!
Bis die Weihnacht der Menschheit anbricht!
Bis die Freiheit ist da!
Bis die Freiheit ist da!

(Verfasser unbekannt)

EIN WELTLICHES KRIPPENLIED

Uns ward nicht nur zur Weihnachtszeit
ein Kind im Stall geboren
und auch nicht nur der Christenheit.
Aus Ställen der Armseligkeit
gell'n Kinderschreie weltenweit
uns täglich in die Ohren.
Die meisten geh'n verloren.

Kein König aus dem Morgenland
liegt vor ihnen auf Knieen
mit Gold und Silber in der Hand.
Auch keiner aus dem Abendland.
Die Kinder sterben allesamt,
noch ehe sie erblühen,
vom Elend ausgespieen.

Kein Stern führt hin zu ihrem Stall.
Gott schweigt zu ihren Nöten.
Es dient der ganze fromme Schwall,
ob Rom, ob Köln, ob überall,
nur einem Kind im ganzen All,
zu dem die Hirten treten,
um's herzig anzubeten:

dem JESUSKIND – eiapopei!
Ihm baut man Dompaläste,
ihm legt man's Gold ins Krippenheu,
mehrt's noch mit Fleiß und Kyrielei
und meint gar, daß das christlich sei.
Fürs Jesulein das Beste –
den anderen die Reste.

Stünd euch, ihr Hirten hierzumal,
nicht an ein bess'res Dienen?
Wann tauscht ihr Christkinds Kapital
in Reis und Brot um, helft real
den Kindern allen, statt sakral
dem einen nur zu dienen?
Dient gleichermaßen ihnen!
Macht Kirchen zu Kantinen!

Es kann an eure Herrlichkeit
kein Hungerkindlein beißen.
Ihr öffnet nur die Beutel weit,
den Reis bezahlen and're Leut.
Wann seid ihr selbst dazu bereit,
vom Gold euch loszureißen?
Zu geben statt zu gleißen?
Das tät ich christlich heißen!

Und ganz gewiß ich nicht allein –
auch euer liebes Christkindlein.

Erich Kästner

WEIHNACHTSLIED,
CHEMISCH GEREINIGT

Morgen, Kinder, wird's nichts geben!
Nur wer hat, kriegt noch geschenkt.
Mutter schenkte euch das Leben.
Das genügt, wenn man's bedenkt.
Einmal kommt auch eure Zeit.
Morgen ist's noch nicht so weit.

Doch ihr dürft nicht traurig werden.
Reiche haben Armut gern.
Gänsebraten macht Beschwerden.
Puppen sind nicht mehr modern.
Morgen kommt der Weihnachtsmann.
Allerdings nur nebenan.

Lauft ein bißchen durch die Straßen!
Dort gibt's Weihnachtsfest genug.
Christentum, vom Turm geblasen,
macht die kleinsten Kinder klug.
Kopf gut schütteln vor Gebrauch!
Ohne Christbaum geht es auch.

Tannengrün mit Osrambirnen --
lernt drauf pfeifen! Werdet stolz!
Reißt die Bretter von den Stirnen,
denn im Ofen fehlt's an Holz!
Stille Nacht und heil'ge Nacht –
weint, wenn's geht, nicht! Sondern lacht!

Morgen, Kinder wird's nichts geben!
Wer nichts kriegt, der kriegt Geduld!
Morgen, Kinder, lernt fürs Leben!
Gott ist nicht allein dran schuld.
Gottes Güte reicht so weit . . .
Ach, du liebe Weihnachtszeit!

Bertolt Brecht

WIEGENLIED

Eia popeia
Was raschelt im Stroh?
Nachbars Bälg greinen
Und meine sind froh.
Nachbars gehn in Lumpen
Und du gehst in Seid
Ausn Rock von einem Engel
Umgearbeit'.

Nachbars han kein Brocken
Und du kriegst eine Tort
Ist sie dir zu trocken
Dann sag nur ein Wort.
Eia popeia
Was raschelt im Stroh?
Der eine liegt in Polen
Der andre ist werweißwo.

Peter Schütt

DER TANNENBAUM
IM SAUREN REGEN

O Tannenbaum, o Tannenbaum,
wie grün warn Deine Blätter!
Du grünst nicht mehr zur Sommerzeit,
Du stirbst, weils sauren Regen schneit!
O Tannenbaum, o Tannenbaum,
dahin sind Deine Blätter!

O Tannenbaum, o Tannenbaum,
Du hast mir sehr gefallen,
doch dank chemischer Industrie
bist Du geplündert wie noch nie!
O Tannenbaum, o Tannenbaum,
was hat Dich befallen?

O Tannenbaum, o Tannenbaum,
Dein Tod will mich was lehren!
Das Ende vom Tannenbaumlied
heißt heute Schwefeldioxyd!
O Tannenbaum, o Tannenbaum,
will mich dagegen wehren!

Therese Angeloff

WEIHNACHTLICHES VOLKSLIED

Morgen, Kinder, wird's *nichts* geben
sagt der Bundes-Weihnachtsmann
weil wir in der Krise leben
spare jeder, wo er kann.
Seid zu Opfern stets bereit!
Nicht nur in der Weihnachtszeit.

Lohn- und auch Gehaltsempfänger
ob ihr jung seid oder alt
schnallt brav eure Gürtel enger
für den Bundes-Sparhaushalt!
Übt euch in Bescheidenheit!
Nicht nur in der Weihnachtszeit.

Für die Kranken und die Renten
sind die Bundeskassen leer.
Für die Schüler und Studenten
zahlt der Staat kein BAFÖG mehr.
Doch Millionen schenkte gern
er den Herrn vom Flick-Konzern.

Die von Sparsamkeit stets sprechen
ließen sich zum Dank von Flick
korrumpieren und bestechen
Schmiergeld macht die Konten dick.
Und die Korruption gedeiht
nicht nur in der Weihnachtszeit.

Einmal, Kinder, wird's was geben!
Denn das eine ist gewiß:
Was politisch wir erleben
ist ein großer Volksbeschiß.
Sehen das erst alle ein
heissa! Dann wird Zahltag sein.

Wenn nicht mehr von Monopolen
wird beherrscht hier unser Staat
wird das Volk zurück sich holen
was man ihm gestohlen hat.
Dann gibt es Gerechtigkeit
nicht nur in der Weihnachtszeit.

Dieter Süverkrüp

LEISE SCHNIESELT
DER REAKTIONÄR SEINEN TEE

Leise schnieselt der Re-
aktionär seinen Tee,
sitzt bei der Lampe noch spät,
blättert im Aktienpaket.

Ordnend Scheinchen auf Schein
fällt Erinnerung ihm ein.
„Kriegsweihnacht vierzig war still,
trotzdem sehr stark im Gefühl!

Heute geht alles zu glatt;
alle Welt frißt sich satt!
Und zu der Innerlichkeit
ist keine Sau mehr bereit!

Leider lief der Krieg schief.
Trotzdem tröstet es tief:
Hatte man schlau investiert,
hat sich der Hitler rentiert.

So ein Krieg, wenn er klappt,
wirft er unerhört ab.
Nicht allein Bomben aufs Feld,
nein, auch ‚bezahlt und Geld!‘

Aus dem Aktienpaket
steigt ein heißes Gebet:
„Mache, du gütiger Gott
Unser Geschäft nicht kapott!

Sieh, wir wurden verkeilt.
Unser Land ist geteilt.
Zwar sind wir heut übern Berg,
dennoch: politisch als Zwerg!

Herr, es ist dir doch klar:
diese rote Gefahr
tritt nicht nur uns in den Bauch,
sondern der Frömmigkeit auch!

Denk mal dran, wie der Krieg
dir die Menschen zutrieb!
Haste da nich 'ne Idee??
Mach doch nicht immer nur Schnee!!"

Leise schnieselt der Re-
aktionär seinen Tee.
Horcht nur, wie lieblich es knallt!
Fürchtet euch, Kriegskind kommt bald!

Dieter Süverkrüp

WEIHNACHTSLIED

Heute abend
strahlt das Erste und das Zweite Deutsche Fernsehen
Weihrauch- und Stearingerüche aus.
Heute abend weht ein ungeahntes Industrieclubfeeling
auch durch euer abgewohntes Haus
Heute abend
pinkelt ein besoffner CSU-Kassierer
viele kleine Herzen in den Schnee.
Heute abend
tut in den Kasernen und den Klosterschulen
manches Pubertätsfurunkel weh.
Heute abend
hat der dicke Kindesmörder dienstfrei, heute
ißt er alle Bonbons selber auf.

Heute abend drängt die Mutter scharf in den verhärmten
Vater,
daß er sich nicht vor der Zeit besauf'.

Stille Nacht allerseits!
Heilig Abend zusammen!
Macht die Tür zu!
Das Licht aus!
Die Kerzen an!
Amen!!!

Heute abend
ruht sich der Minister bei der Weihnachtsbotschaft
von den CSU-Gesprächen aus.
Heute abend
über geilem Gänsebraten rückt Herr Müller
kichernd mit Kazettgeschichten raus.
Heute abend
schließen die Bordelle in der Bahnhofsgegend
(jedenfalls die meisten) um halbacht.
Heute abend
wird ein dünnes, schwarzverbranntes Kinderbeinchen
qualvoll amputiert und schlecht vernäht.
Heute abend freut sich dieses kleine Mädchen in Da-Nang
ganz selbstverständlich nur auf dein Gebet!

Stille Nacht allerseits!
Heilig Abend zusammen!
Macht die Tür zu!
Das Licht aus!
Die Kerzen an!
Amen!!!

Heute abend
spricht der Präsident beim Industriebankett
von Menschlichkeit, als wär' er ein Poet.
Heute abend
fühlt ein jeder, daß die Liebe stärker ist
als Geld – wie's auch in „Bild" geschrieben steht.
Heute abend
ist das schnee- und marsch- und traumverklebte

                                     Deutschland
auf die linke Meute schon gericht'.
Heute abend
dämmern alte Pläne für die neuen Lager,
wartend hinter Türen aufihr Licht.
Heute abend
in der dritten Strophe des O-Tannenbaumes
macht das Herz von Vattern nicht mehr mit.
Heute abend
halblau zwischen Bücherstapeln fragen Zweie,
wann man und in welches Land man flieht.

Heilig Abend zusammen!
Stille Nacht allerseits!
Nicht der Lichterbaum allein,
nein, der Teppich
brennt bereits.

Luis Advis

CANTATA SANTA MARIA DE IQUIQUE

Eine folkloristische Weihnachtskantate, verfaßt zur Erinnerung an Tausende chilenische Arbeiter, die in den Weihnachtstagen 1907 von der Reaktion ermordet wurden. Im Stil eines indianischen Krippenspiels 1972 von der Gruppe Quilapayun im Chile Allendes uraufgeführt.

Solo: Señoras und Señores –
wir sagen euch hier das,
was bisher die Geschichte
mit großem Fleiß vergaß.
Es war im hohen Norden,
Iquique hieß die Stadt,
in der man neunzehnsieben,
von Mordlust angetrieben,
so viele Papakumpels
einfach ermordet hat.

Chor: Wir wollen für sie sprechen,
die Wahrheit wird es schrein,
wird wahr wie Tod und bitter
wie der Salpeter sein.
Bewahrt ihre Geschichte
tief im Gedächtnis auf,
man darf sie nie vergessen,
wie auch der Zeiten Lauf.
Nun bitten wir euch sehr,
sitzt still und hört gut her.
Nun bitten wir euch sehr,
sitzt still und hört gut her.

ERZÄHLUNG

Wenn ihr die Pampa betrachtet und ihre Orte,
werdet ihr ringsum das Schweigen der Dürre sehn.
Ohne Wunder und Werke – leer ist die Erde,
Einöde werdet ihr treffen, wohin auch die Füße gehn.

Wenn ihr die Pampa betrachtet, wird sie euch versetzen
in eine Zeit, als die Salpetererschließung begann.
Ihr werdet sehen die Frau an dem kläglichen Herde,
neben dem freudlosen Kinde, dem gesichtslosen Mann.

Sehen werdet ihr auch die traurig-brüchige Hütte,
einsame Kerze, die täglichen Mangel erhellt,
Säcke als Betten, als Fußboden nur nackte Erde,
Felsbrocken dürftig als Wände darumgestellt.

Sehen werdet ihr auch, wie man Arbeiter züchtigt:
Hände und Kopf in einen Holzblock gesteckt,
Tage um Tage gefesselt in sengender Sonne,
gleichgültig, ob er bei dieser Strafe verreckt.

Was seine Schuld war? Stolzer Schmerz, den er zeigte
wieder und wieder. Stolz war des Arbeiters Schuld.
Unverschämt störte sein sinnloses Aufbegehren
seines Besitzers Gesetze, des Herrn Geduld.

Außerdem seht ihr deutlich den Lohn, den er kriegte:
Geld hat er niemals gesehen, nur ein Papier –
täglicher Gutschein für einen Tag schwere Arbeit,
Mittel zum Leben bekam er im Laden dafür.

Vorsicht beim Einkauf! Für ihn gab es nur diesen Laden,
der seinem Brotherrn gehörte. Nur dort lag sein Brot.
Wenn es woanders auch billiger war – doch für ihn nicht,
weil der Betrieb ihm jeden andren Einkauf verbot.

Sank mit der Zeit auch der Kaufwert solchen Papiers,
Gutschein blieb Gutschein und war sein einziges Geld;
weiter bezahlte man damit seine Entlohnung,
und es gab keine Erhöhung – um nichts in der Welt.

Wenn ihr die Pampa betrachtet und ihre Gegend,
werdet ihr ringsum die Härte der Stille sehn.
Wenn ihr die Pampa erkennt, wie sie einmal gewesen,
werdet ihr all die zerrissenen Klagen verstehn.

LIED

Chor: Die Sonne dieser Wüste,
das Salz, das uns verbrannte,
die lange Nacht der Nebel,
die Einsamkeit der Kälte,
der Hunger trockner Steine,
die Klagen, die man hörte,
langsamer Tod das Leben,
und ungezählte Tränen.

Solo: Besitzerlos die Häuser –
der Arbeiter, der schlaflos
auf das Vergessen hoffte,
das seinen Schmerz nur aufschob.
Der Wind der weiten Pampa,
der immer wehen würde;
und immer würde bleiben
die Härte dieser Dürre.
Salpeter macht den Regen,
den lang ersehnten, böse.
Das karge Brot der Pampa –
Friedhof und bittre Erde.
Die Zeit geht immer weiter,
genau wie die Geschichte,
die Härte dieser Dürre
wird nimmermehr zunichte.

Chor: Die Sonne dieser Wüste,
das Salz, das uns verbrannte,
die lange Nacht der Nebel,
die Einsamkeit der Kälte.
Der Hunger trockner Steine,
die Klagen, die man hörte.

Langsamer Tod das Leben,
und immer bittre Tränen.

ERZÄHLUNG

So hatte sich viel Unrecht angesammelt,
viel Armut, viele Ungerechtigkeiten.
Sie konnten nicht mehr länger schweigend leiden
und fingen an, laut um ihr Recht zu streiten.

Da kam es zu dem Streit in San Lorenzo.
Es war zum Ende neunzehnhundertsieben.
Ein Schrei stieg auf, wurde zur gleichen Stunde
wie Sand im Wind an jeden Ort getrieben.

Wie eine Sturmböe flog durch die Betriebe
der Arbeiterprotest. Doch was geschehen,
das haben sich die Herren der Fabriken
mit Langeweile und Verachtung angesehen.

Was scherte sie das blinde Aufbegehren
der Parias mit bloßen, leeren Händen?
Die kommen wieder, sanft und voller Reue,
den Unsinn wird der Hunger schnell beenden.

Was war zu tun, wenn sie doch niemand hörte!
Der Bruder hat den Bruder angesehen.
Ist nicht gerecht und wenig, was wir wollen?
Soll unsre Hoffnung so verlorengehen?

So, durch die Liebe und das Leid verbunden,
schien sich den Kumpels nur ein Weg zu zeigen:
Nur in Iquique wird man uns begreifen,
wir müssen in die Stadt hinuntersteigen.

LIED

Solo: Gehen wir, Frau. Laß uns gehen,
komm in die Stadt.
Alles wird anders werden,
warten macht uns nicht satt.
Zweifeln nützt nichts. Vertraue.
Du wirst schon sehn.
Komm nach Iquique – alle
werden verstehn.
Nimm dir nun, Frau, meinen Umhang,
ja, nimm dir meinen;
leg dir das Kind in die Arme,
es soll nicht weinen.
Es soll nicht weinen, vertraue.
Froh wird es sein,
sing ihm ein Lied, du wirst sehen,
bald schläft es ein.

Was auch geschieht, mußt du sagen,
nicht länger schweigend ertragen.

Gehen wir, Frau. Einen langen
Weg mußt du gehn.
Wir müssen über die Berge,
bis wir es sehn.
Gehen wir, Frau – und vertraue,
wird es auch schwer,
bis in die Stadt, wo das Meer ist,
das weite Meer.

Groß ist, sagt man, Iquique
wie ein Salpeterfeld.
So viele hübsche Häuser,

was dir ganz sicher gefällt.
Du, es gefällt dir, vertraue
mir wie dem himmlischen Herrn,
Frau, unten im Hafen die Menschen,
alle helfen uns gern.

Was auch geschieht, mußt du sagen,
nicht länger schweigend ertragen.

Gehen wir, Frau. Laß uns gehen,
komm in die Stadt.
Alles wird anders werden,
warten macht uns nicht satt.
Zweifeln nützt nichts. Vertraue.
Du wirst schon sehn.
Komm nach Iquique – alle
werden verstehn.

ERZÄHLUNG

Vom fünfzehnten bis einundzwanzigsten
Dezember sind
sie über die Berge gestiegen
trotz Regen und Wind.

Sechsundzwanzigtausend sind hinabgestiegen,
vielleicht waren es mehr.
Sie kamen ins Tal, und sie schwiegen
wie die Salzwüste. Schwer.
Sie stiegen hinab, von Erwartung
schweigend und blaß,
die Tausende aus der Pampa,
die man bisher vergaß.
Sie wollten um gar nichts betteln,

sie wollten dort
nur Antwort auf ihre Bitten –
ein klares Wort.

In Iquique gab es auch Menschen,
die sie verstanden,
die Arbeiter und ihre Gewerkschaft,
die zu ihnen fanden.
Es hielten zu ihnen
die Dreher
von der Geschützfabrik,
die Zimmerleute,
die Maler und Maurer,

die Fuhrleute,
die Tagelöhner und Schneider,
die Seeleute,
die Bäcker und Gasmänner,
die Schauerleute,
die kleinen Bauern, die Packer –
alle armen Leute.

Aber die Herrn von Iquique
hatten die Angst im Bauch,
als sie so viel Arbeiter sahen,
schwitzten sie auch.
Immerhin war ein Pampino
ja kein Ehrenmann,
weil er stehlen würde und schließlich
auch morden kann.
Also hatten sie ihre Häuser
sicher verschlossen,
standen hinter ihren Gardinen,
bang und verdrossen.
Auch die Händler machten die Läden
eiligst dicht;
mit so viel wilden Tieren
scherzte man nicht.
War es nicht besser, man sammelte sie
anderswo?
So vieles Volk in den Straßen
machte nicht froh.

GESUNGENES ZWISCHENSPIEL

Solo: Kameraden in der Hoffnung,
       kamen, um mit uns zu gehn;
       alle anderen, die Reichen,
       ließen ihr Gesicht nicht sehn.

Chor: Bis nach Iquique sind wir gegangen,
       aber Iquique sieht uns als Fremde,
       uns verstehen nur Leidensgefährten,
       jeder andre versteckt seine Hände.

Solo: Kameraden in der Hoffnung,
       kamen, um mit uns zu gehn;
       alle anderen, die Reichen,
       ließen ihr Gesicht nicht sehn,
       alle anderen, die Reichen,
       ließen ihr Gesicht nicht sehn.

ERZÄHLUNG

Man hat eine Schule gefunden,
dort schickte man alle hin;
die Schule hieß Santa María,
doch niemand lernte darin.

Die Arbeiter gingen gehorsam,
lächelnd ließ man sie dort:
„Ein paar Tage müßtet ihr warten,
es ist ja ein freundlicher Ort."

Die Arbeiter nickten und glaubten –
Geduld war bei ihnen nicht rar –,
sie wußten, daß Warten ihr Leben,
wo immer sie hinkamen, war.

Sie warteten sieben Tage,
dann hatten sie nichts mehr im Mund,
ihr letztes Brot war gegessen.
Der Tod schlich umher wie ein Hund.

„Wo Arbeiter sind, ist Gefahr da
und größere Vorsicht von Wert."
Drum wurde der Ausnahmezustand
aus reiner Weitsicht erklärt.

Es lag irgendwas in den Lüften,
unhörbarer Trommelschlag,
in diesem dunklen Dezember,
am einundzwanzigsten Tag.

LIED

Solo: Ich bin aus der Pampa ein Kumpel
und bin wie kein andrer verbraucht,
jetzt beginnt meine Stimme zu singen,
weil das Unheil schon irgendwo raucht.

Was ich spüre hier in diesen Straßen,
muß ich nennen, bevor ich's gesehn,
etwas Trauriges wird mit uns werden,
etwas Schreckliches wird uns geschehn.

Denn die Einöde hat mich verlassen,
ausgelaugt ist die Erde vom Salz,
wie der bittere Stein meiner Leiden,
in der Dürre ein trauriger Fels.

Ich spüre das Schweigen, das zunimmt,
diese Einsamkeit, die mich versteint,
überall dieses Undanks Ruinen
und Erinnerung, bei der man weint.

Daß die Furcht mir im Leben nichts nützte,
brachte mir dieses Leben schon bei,
doch ich habe in mir jetzt ein Zittern,
und ich spüre in mir einen Schrei.

In der Dunkelheit reitet das Sterben,
dieser Tod galoppiert und ist da.
Er wird kommen wohl über die Meere;
ich bin alt, und ich weiß, er ist nah.

ERZÄHLUNG

Keiner hat mehr gesprochen.
Mit einemmal
kam ein höherer Abgesandter,
ein General.
Er wird schon wissen zu reden,
nach der Manier,
mit diesem Haufen Lakaien
als Kavalier.
Der General ist gekommen
in seiner Pracht,
wurde von seinen Soldaten
eifrig bewacht.

Ringsum Maschinengewehre
fertig zum Schuß,
weil man die Schule strategisch
absichern muß.

Hat vom Balkon aus gesprochen,
der General,
hört, was er ihnen sagte,
hört es noch mal:
„Ihr werdet gar nichts gewinnen
bei diesem Spiel,
so große Not zu erfinden,
das ist zuviel!
Wollt eure Pflicht nicht begreifen?
Seid ihr so dumm?
Um unsre Ordnung zu stören,
steht ihr herum.
Wer sich gegen sein Land stellt,
der will Verrat,
will seine Heimat besudeln,
Spitzbubentat!
Ihr habt die Frauen geschändet –
wild wie das Tier.
Habt uns Soldaten getötet –
Mörder seid ihr!
Besser für euch, ihr verschwindet
aus unsrer Sicht,
was ihr auch fordert und fordert,
kriegt ihr hier nicht.
Packt euch, belastet nicht länger
unsre Geduld –
wer den Befehlen nicht nachkommt,
ist selber schuld."

Doch vor der Schule ein Graukopf
gab ihm Bescheid,
ohne zu zögern, ein Kumpel
voll Tapferkeit:
„Sie, Herr General, können
uns nicht verstehn.
Weiter werden wir warten,
werden nicht gehn;
denn wir sind keine Tiere,
kein Herdenvieh,
und wir werden die Fäuste erheben,
einig wie noch nie.
Mit unsrem Beispiel geben
wir andren Mut.
Unser Versprechen heißt Zukunft,
sie weiß es gut.
Wenn Sie uns auch bedrohen,
furchtlos sind wir.
Wollen Sie auf uns schießen?
Ich stehe hier."

Der General, der ihn hörte,
schoß voller Wut,
hochmütig, ohne zu zögern.
Nun floß Blut;
denn dieser Schuß war sein Zeichen
für Massenmord –
damit begann das Inferno
an diesem Ort.

LIED-LITANEI

Chor: Da starben dreitausendsechshundert
       an diesem Tage,
       sie mordeten dreitausendsechshundert
       an diesem Tage.

Solo: In dieser Schule Santa María
       floß Arbeiterblut,
       sie starben, sie hatten ein Leben
       voll Elend und Wut.

Chor: Da waren dreitausendsechshundert,
       die nichts mehr hörten.
       Da waren dreitausendsechshundert,
       die nie mehr sprachen.

Solo: In dieser Schule Santa María
       war alles vorbei.
       So viele Leben wurden vernichtet –
       ein einziger Schrei.

Chor: Da wurden dreitausendsechshundert
       Blicke leer.
       Arbeiterherzen, dreitausendsechshundert,
       schlugen nicht mehr.

Solo: In dieser Schule Santa María
       spieln Kinder früh.
       Spielen sie Fangen, spielen Verstecken,
       was finden sie?

LIED

Solo: All die Männer aus der Pampa,
die dort protestieren wollten,
wurden abgeknallt wie Hunde,
weil sie nicht mehr reden sollten.

Chor: Man darf nicht arm sein, mein Bruder,
es ist gefährlich.
Man darf nichts fordern, mein Bruder,
es ist gefährlich.

Solo: All die Frauen aus der Pampa,
die mit Tränen bitten wollten,
wurden umgebracht wie Katzen,
weil sie nicht mehr leben sollten.

Chor: Man darf nicht arm sein, meine Schwester,
es ist gefährlich.
Man darf nicht weinen, meine Schwester,
es ist gefährlich.

Solo: All die Kinder aus der Pampa,
die nur sehn und hören wollten,
wurden abgewürgt wie Küken,
weil sie nicht mehr leben sollten.

Chor: Man darf nicht arm sein, meine Kleinen,
es ist gefährlich,
darf nicht geboren werden, meine Kleinen,
es ist gefährlich.

Solo: Wo aber sind ihre Mörder,
      die sie aus Mordlust erschlagen?
      Wir schwören es bei der Erde:
      Wir werden sie jagen.
      Wir schwören es bei dem Leben:
      Wir werden sie jagen.
      Wir schören es bei dem Sterben:
      Wir werden sie jagen.

Chor: Wir schwören es, Kameraden:
      Wir werden sie erschlagen!

SCHLUSS

Solo: Señoras und Señores,
      hier ist zu End,
      was man die Geschichte der Schule
      Santa María nennt.
      Und jetzt bitten wir euch
      mit aller Höflichkeit:
      Haltet euch noch für das Lied
      des Abschieds bereit.

SCHLUSSLIED

Solo: Nun hörtet ihr diese Geschichte,
      doch sitzt nicht länger so da,
      als würdet ihr denken und meinen:
      Vorbei ist, was damals geschah.
      Es reicht nicht, daß man sich erinnert,
      zu wenig ist auch unser Lied,
      das Weinen und Klagen genügt nicht,
      denn seht, was noch immer geschieht:

Chor: Vielleicht in den kommenden Wochen,
es können auch Jahre vergehn,
kann diese Geschichte noch einmal,
noch sehr viele Male geschehn.
Ein so langes Elend ist Chile,
und tausendfach wird es noch schrein,
solange wir es nicht besitzen
und nicht von den Mördern befrein.
Wir wissen genau, was uns not tut,
uns bleibt keine andere Wahl,
wir haben die härteren Hände,
sind auch unsre Ketten aus Stahl.

Das ist die chilenische Wahrheit,
die unsere Zukunft bedingt:
das Volk wird sich wieder erheben,
weil keiner es ewig bezwingt.
Die Erde wird allen gehören,
gehören wird allen das Meer,
Gerechtigkeit gibt es für alle,
wir geben die Hoffnung nicht her.
Wir kämpfen für unsere Rechte,
für jedermann müssen sie sein;
denn jeder braucht Freiheit zum Leben,
das Volk läßt das Volk nicht allein.

Solo: Man darf nicht arm sein, mein Bruder,
es ist gefährlich.
Man darf nichts reden, mein Bruder,
es ist gefährlich.

Chor: Das ist die chilenische Wahrheit,
die unsere Zukunft bedingt:
Das Volk wird sich wieder erheben,

weil keiner es ewig bezwingt.
Die Erde wird allen gehören,
gehören wird allen das Meer,
Gerechtigkeit gibt es für alle,
wir geben die Hoffnung nicht her.
Wir kämpfen für unsere Rechte,
für jedermann müssen sie sein;
denn jeder braucht Freiheit zum Leben,
das Volk läßt das Volk nicht allein.

Das ist die chilenische Wahrheit,
die unsere Zukunft bedingt.
Das ist die chilenische Wahrheit,
die unsere Zukunft bedingt:
das Volk wird sich wieder erheben,
weil keiner es ewig bezwingt.
Das Volk wird sich wieder erheben,
weil keiner es ewig bezwingt.
Das Volk wird sich wieder erheben,
weil keiner es ewig bezwingt.

Ernesto Cardenal

DAS EVANGELIUM DER BAUERN VON SOLENTINAME. GESPRÄCHE ÜBER DAS LEBEN JESU IN LATEINAMERIKA

ugustus war Kaiser. Er war mächtig, und die Menschen sprachen über ihn, als wäre er ein Gott. Der Kaiser war so mächtig, daß alle Menschen tun mußten, was er wollte. Er konnte alles bestimmen.

Eines Tages wollte der Kaiser mehr Geld haben. Da hatte er eine Idee. Er sagte: „Alle Leute sollen zu meinen Beamten gehen. Jeder soll in den Ort gehen, in dem er geboren ist. Dort soll er meinen Beamten sagen, wieviele Kinder er hat. Und er soll sagen, wieviel er verdient. Und er soll sagen, was ihm gehört: ein Haus oder ein Feld oder eine Wiese, alles soll er sagen. Dann kann ich von allen Leuten Steuern einziehen. Dann müssen alle Leute mir Geld bezahlen."

Die Leute hörten das.

Da machten die Leute sich auf den Weg. Jeder ging in den Ort, in dem er geboren war. Einige konnten zu Hause bleiben, weil sie noch da wohnten, wo sie geboren waren. Andere mußten sehr weit gehen.

Zu diesen Leuten gehörte ein junges Ehepaar. Der Mann hieß Joseph.

Die Frau hieß Maria.

Maria erwartete ein Kind. Ihr fiel das Wandern nicht leicht.

Aber der Kaiser hatte es ja befohlen.

Joseph mußte nach Bethlehem. Dort war er geboren.
Jetzt wohnte er woanders.
Viele Tage wanderte er mit seiner Frau.
Als Joseph und Maria nach Bethlehem kamen, waren schon viele Leute da.
Zum Schlafen fanden sie nur eine Höhle. In der Höhle wohnten sonst Kühe und Ziegen und Schafe.
In dieser Höhle wohnten jetzt Joseph und Maria.
Joseph ging zu den Beamten des Kaisers. Er erzählte ihnen alles, was der Kaiser wissen wollte. Das schrieben die Beamten auf.
Und Maria bekam in der Höhle ihr Kind. Maria bekam einen kleinen Sohn. Und weil die Höhle ein Stall war, legte sie das Kind in die Steinkuhle, aus der sonst die Tiere fressen.
Sie wickelte das Baby warm ein und legte es in den Futtertrog in der Höhle in Bethlehem, die ein Stall war.
Auf den Hügeln rings um Bethlehem waren Hirten.
Die paßten auf die Herden von Schafen und Ziegen auf.
Auch nachts mußten sie auf dem Feld schlafen, denn die Leute von Bethlehem ließen sie nicht in die Stadt hinein.
Hirten kann man nicht trauen, sagten die Leute.
Hirten sind Räuber und Betrüger, sagten sie.
Darum bekamen die Hirten nur wenig Geld für ihre Arbeit.
Immer mußten sie auf dem Feld bleiben und auf die Tiere aufpassen, die anderen Leuten gehörten.
In einer Nacht wachten die Hirten plötzlich auf.
Ein Licht leuchtete um sie, und sie merkten: Ein Bote von Gott ist zu uns gekommen. Da erschraken sie.
Der Bote sprach zu ihnen:
„Fürchtet euch nicht!
Hört her! Gerade euch sage ich eine frohe Botschaft.
Sie ist eine Freude für die ganze Welt:

Euch ist heute der Retter geboren, Christus, der Heiland.
Es ist Jesus, Gottes Sohn.
Dies ist das Zeichen:
Ihr findet ein Kind, in Windeln gewickelt, in einem Futter-
trog!"
Und bei diesem einen Boten waren noch viele andere.
Die lobten Gott. Sie riefen:
„Gott im Himmel gehört die Ehre,
und zu den Menschen ist der Friede gekommen."
Da sagten die Hirten zueinander: „Das müssen wir sehen!
Auf nach Bethlehem!"
Und sie liefen hin und fanden das Kind, Maria und Joseph.
Die Hirten freuten sich darüber, daß sie das Kind gefunden
hatten. Alles erzählten sie weiter, was sie von diesem Kind
gehört hatten. So ging diese Nachricht durch's ganze Land.

Rubén Vela

LEBEN, PASSION UND TOD UNSERES HERRN
MANOLITO

Es entschied eines Tages der Allmächtige, daß Maria heiraten sollte.

Da sie viele Freier hatte, sollte jener auserwählt werden, der vom Pferd aus mit seinem Schwert einen Ring einfädeln konnte.

Nur dem alten heiligen Joseph gelang dieses Kunststück. Und Maria heiratete ihn.

Einige Tage später sagte einer seiner Freunde zum heiligen Joseph: Siehst du denn nicht, der du neu verheiratet bist, daß deine Frau bereits schwanger ist?

Der alte Joseph wurde sehr böse und nahm ein großes Messer, mit dem er den Leib Marias aufschnitt von oben bis unten. Und er sah nichts.

Marias Wunden heilten rasch und sie gebar einen kleinen Jungen.

Der Junge, der Manolito hieß, wuchs und wurde in dreiunddreißig Tagen ein Mann.

Es kamen Menschen aus aller Welt, um ihn zu sehen und anzubeten. Doch als der König der Juden es erfuhr, verfolgte er ihn mit seinen Soldaten.

Die Soldaten des Königs fanden Manolito im Gebirge wie er mit seinen Freunden Wein trank und plauderte. Und sie nagelten ihn an einen Baum.

Ein Blinder ging dort vorbei, und die Soldaten gaben ihm eine Lanze und sagten ihm, daß im Baum eine Frucht hinge, die er abschneiden solle.

Das Blut Manolitos fiel auf die Augen des Blinden und gab ihm das Augenlicht wieder, damit er erblickte, wie er unseren Gott und Herrn getötet hatte.

Carlos Mejia Godoy

EIN NEUES, EIN WAHRES WEIHNACHTSLIED

Christus kam zur Welt in Palacagúina
Sohn von José, von José Pabón und seiner Frau Maria.
Sie wäscht und bügelt den lieben langen Tag lang
die hübschen Kleider ihrer Herrin
der Frau vom Herrn über Stadt und Land.

Die Leute alle wollen ihn sehen,
sie kommen an in hellen Scharen.
Der Indio Joaquin bringt seine Gabe,
Datteln und Feigen von Nagarote,
und statt Gold, Weihrauchdüften und Myrrhe
schenkten sie ihm, wie man erzählt,
vom feinsten Gebäck
und Zuckerkuchen von Guadaloupe.

José, der arme Taglöhner,
schuftet sich ab sein Lebtag lang,
es schmerzen ihm alle Glieder
vom Hobeln und Schreinern in der Tischlerei.
Maria wünscht sich, daß ihr Junge
genau wie Vater Tischler sein wird,
doch träumt ihr Sprößling,
wenn ich groß bin, werd ich in den Bergen kämpfen.

José Luis Gonzáles

DER WEIHNACHTSMANN KOMMT ZU PICHIRILO SÁNCHEZ

etzt schon, na klar, aber früher, als er das Fahrrad zum ersten Mal sah, hätte er sich nicht einmal träumen lassen, daß es ihm eines Tages gehören könnte. Trotzdem war er täglich zweimal an der Auslage des Geschäfts vorbeigegangen, auf dem Hinweg zur Schule und auf dem Rückweg. Sogar einen Umweg hatte er deshalb gemacht, fünf Häuserblocks weit. Nur um es anzuschauen . . . Jetzt sah er sich schon mit rasender Geschwindigkeit die Straße hinunterfahren und stellte sich vor, wie ihn die Leute bewundern würden. Es war ein Kinderrad, und mit seinen acht Jahren war er gerade groß genug, um die Pedale mit den Füßen zu erreichen. Aber er brauchte das Fahrrad nicht nur zum Spielen, sondern auch zum Geldverdienen. Schließlich gab es einen Laden hier im Viertel, nicht gerade ein großes Geschäft, aber immerhin. Und dann würde Don Alonso ihn vielleicht als Boten anstellen, ihn, Pichirilo Sánchez. Viel würde er nicht verlangen, sagen wir zwei Pesos die Woche, Don Alonso. Was seine Mutter alles mit zwei Pesos machen könnte . . . Nach der ersten Woche würde er ihr zuallererst einen Spiegel schenken, weil vom alten nur noch ein Scherben geblieben war.

Heute hatte die Lehrerin vom Weihnachtsmann erzählt: „Jedes Jahr am Heiligen Abend kommt der Weihnachtsmann und bringt den braven Kindern Geschenke."

Darauf hatte ein Mädchen gefragt: „Kommt er wie die Heiligen Drei Könige auf einem Kamel?"

„Nein, er kommt mit einem Schlitten."

Und sein Freund Alejo hatte die Hand gehoben: „Frau Lehrerin, was ist ein Schlitten?"

Die Lehrerin zögerte ein bißchen: „Also ein Schlitten . . . ein Schlitten . . . das ist ein Fahrzeug, das von Rentieren gezogen wird und das man benützt, um damit durch den Schnee zu fahren."

Keiner begriff so recht, was das für ein Gefährt sein sollte und was überhaupt Rentiere waren, aber Alejo war sofort auf das eigentliche Problem gekommen, das der Lehrerin einiges Kopfzerbrechen bereitete: „Und wie kann der Weihnachtsmann damit in Puerto Rico fahren, wenn es keinen Schnee gibt?"

Sie hatte richtig verärgert gewirkt: „Das geht euch gar nichts an. Jedenfalls kommt er immer zu Weihnachten." Und dann hatte sie noch erklärt, daß die braven Kinder einen Brief mit ihren Wünschen an den Weihnachtsmann schreiben müßten, und daß sie diese Briefe dann weiterbefördern würde. Aber ohne Fehler und Tintenkleckse, auf sauberem Papier und in einem ordentlichen Umschlag.

Das war die Gelegenheit. Pichirilo zweifelte nicht daran, daß er ein braves Kind war, wenn man von Kleinigkeiten absieht, also konnte ihm der Weihnachtsmann seine Bitte nicht abschlagen. Allerdings gab es da noch einige Probleme. Und die wollte er jetzt mit Alejo besprechen. Alejo war sein bester Freund, obwohl er von einem Weißen, dem er die Schuhe putzte, gehört hatte, daß alle Neger blöd seien. Aber Alejo war nicht blöd, er hatte sogar gute Noten in der Schule.

„He, Alejo, komm her!"

„Was gibt's?"

„Schreibst du dem Weihnachtsmann auch einen Brief?"

„Ich? Wozu denn?"

„Na, damit er dir was bringt!"

„Ach wo. Du glaubst doch nicht, daß er wirklich hierher kommt?!"

„Und warum nicht?"

„Na – hierher?! Da kommen ja nicht einmal die Heiligen Drei Könige!"

„Ist nicht wahr! Mir haben sie was gebracht."

„Na wenn schon. Kinkerlitzchen!"

„Immerhin, sie waren da. Und der Weihnachtsmann, der ist nicht so knauserig."

„Knauserig oder nicht, Kleiner . . . der Weihnachtsmann ist bloß für die Weißen, verstehst du?"

„Also schreibst du ihm nicht?"

Alejo wurde schon ungeduldig. „Ich will dir die Wahrheit sagen", sagte Pichirilo. „Ich glaub genauso wie du, daß sich der Weihnachtsmann hier vorbeidrückt."

„Na also!"

„Aber ich glaub, daß er aus einem anderen Grund nicht kommt . . . Nicht, weil er bloß zu den Weißen geht . . ., sondern . . . sondern weil er Angst hat."

„Angst?" Alejo verstand gar nichts.

„Na klar! Weil er ein Amerikaner ist!"

„Was?"

„Hast du je einen Amerikaner hier gesehen, und noch dazu in der Nacht? Die haben doch Angst, daß sie eine über die Rübe kriegen und ihre Dollars loswerden. Und jetzt stell dir erst den Weihnachtsmann vor, wenn er mit seinem Dingsda gefahren kommt – wie heißt es?"

„Schlitten."

„Eben. Wenn er mit diesem Schlitten voll Spielzeug kommt, dann muß er ja noch mehr Angst haben. Aber wenn wir ihm – und jetzt paß auf! – wenn wir ihm die Angst nehmen: dann kommt er bestimmt!"

„Aber wie wollen wir diesem alten Rauschebart die Angst austreiben?"

„Red nicht so über ihn, sonst werd ich bös."

„Na gut. Also wie?"

„Das erklären wir ihm in dem Brief. In der Nacht, in der er kommt, schreiben wir ihm, passen wir auf, daß ihm keiner was tut."

„Was?"

„Na klar. Wir machen die Wächter, wir passen auf."

Alejo zögerte.

„Also? Was meinst du?" drängte ihn Pichirilo.

Der junge Neger stimmte schließlich zu: „Ist gut. Aber den Brief, den mußt du schreiben!"

„Mach ich. Wir haben Papier zu Hause. Und den Umschlag kaufen wir bei Don Alonso. Kostet zwei Centavos."

In seinem kleinen Geschäft saß Don Alonso allein auf einer leeren Kiste hinter dem Ladentisch. Er trug nur ein Unterhemd, schwitzte aber aus allen Poren seines fetten Körpers und döste vor sich hin.

Plötzlich weckte ihn eine helle Stimme: „Don Alonso . . ."

„Was?" Unwirsch hob er den Kopf. „Was ist . . .?"

Doch sowie er das Mädchen sah, stand er lächelnd auf.

„Ah, du bist's. Warum hast du dich denn so lang nicht sehen lassen?"

„Naja . . ."

„Ich weiß, ich weiß. Deine Mama läßt dich nicht herkommen."

Das Mädchen senkte den Kopf. Der Mann sah ihr auf die kleinen Brüste, die sich unter dem dünnen Stoff des Kleides abzeichneten.

„Sie haben deiner Mama wohl gesagt, daß . . . daß du und ich . . . naja."

„Don Alonso, ich geh lieber."

„Gott behüte. Von hier gehst du nicht, ohne daß ich dir was schenke!"

„Nein, Don Alonso. Ich bin gekommen, damit Sie mir ein Viertel Butter geben. Mama hat vergessen, mir das Geld dafür zu lassen."

„Du brauchst dich deshalb nicht zu schämen. Ich war doch immer gut zu dir, oder?"

„Geben Sie mir die Butter also, Don Alonso?"

„Du weißt doch, daß du alles haben kannst . . . Aber rat mal, was ich gerade gedacht habe . . . Daß ich an einem der nächsten Tage mit deiner Mutter reden werde."

„Um Himmels willen . . . Die bringt mich glatt um."

„Dann lebst du eben mit mir . . . um so besser!"

„Don Alonso, geben Sie mir die Butter."

„Deiner Mutter sollte es eigentlich recht sein. Schließlich waren dein Vater und ich gute Freunde. Ewig schade, daß er gestorben ist . . . Also gut, hier ist die Butter. Brauchst du noch was?"

„Nein, danke. Ich zahl am Abend, wenn die Mama kommt."

„Mir brauchst du nichts zu zahlen. Übrigens, vorhin war dein Bruder hier. Er wollte einen Briefumschlag, und den hab ich ihm geschenkt, weil er ja dein Bruder ist."

„Wozu braucht Pichirilo einen Briefumschlag?"

„Na, vielleicht hat er eine Freundin und schreibt ihr ein Briefchen, hähähä!"

„Also, Don Alonso, dann danke ich für die Butter."

„Keine Ursache, meine Kleine. Und komm ein bißchen öfter!"

Es war nicht leicht: Der Bleistift war ganz stumpf, und Pichirilos Hände waren schmutzig. Es war unvermeidlich, daß er Flecken machte. Aber schließlich war's geschafft:

Liber Weinachtsmann, ich heise Pichirilo Sanchez und mein Freund is Alejo Cintron. Wir schreiben dir weil wir brafe Kinder sind und die Lehrerin sagt das du den brafen Kindern was bringst wenn sie dich drum bitten. Also möcht ich dich um das Farad bitten das im Gescheft bei der Halteställe siebzen is und mein Freund will das Luftgewähr. Wir wissen aber, das du dich fürchdest her zu komen weil dir viehleicht die böhsen Leute vom Virtl was tun und deswegen passen mein Freund Alecho und ich auf das dir nimand was tut und du dich nicht füchden must. Liber Weinachtsmann, hab keine Angst. Und vergieß nicht das Farad is für mich und das Gewähr für meinen Freund.

Pichirilo und Alecho.

„Du hast vergessen, dem Weihnachtsmann zu sagen, wo wir wohnen", meinte Alejo.

„Du glaubst, daß er das nicht weiß? Wo er doch ein Heiliger ist?"

„Das ist nicht so sicher. Los schreibs ihm!"

Und Pichirilo fügte hinzu: „Ich bin im gelben Haus neben dem Gescheft von Don Alonso und mein Freund wont in dem Haus das ohne Tür is."

„Am Nachmittag geben wir's der Lehrerin."

„Man muß keine Marke drauf kleben?"

„Hat sie nicht gesagt."

„Na gut."

Es wurde Weihnachten. Tagelang zogen Pichirilo und Alejo mit Rasseln und Klappern durch die besseren Stadtteile. Manchmal kamen sie mit fünf, sechs Münzen nach Hause, öfter aber mit Nüssen und Süßigkeiten. Der Vater von Alejo, ein großer Neger, der im Hafen Verlader gewesen war, aber jetzt wegen seiner Tuberkulose kaum noch aufstehen konnte, zog das Geld den Süßigkeiten vor, um sich ein paar elende Zigaretten zu kaufen, die ihm die Lunge weiter zerrissen. Pichirilo mußte niemandem über sein Geld Rechenschaft geben. Sein Vater war vor so langer Zeit gestorben, daß er sich gar nicht an ihn erinnern konnte. Die Mutter arbeitete als Köchin und ernährte davon die Familie. Den Haushalt besorgte seine fünfzehnjährige Schwester.

Am 24. Dezember drängten sich Pichirilo und Alejo um fünf Uhr nachmittags durch die Menge vor dem großen Geschäft bei der Haltestelle. Es war mit exotischen Tannenzweigen geschmückt, voll Silberlametta und Baumwollflocken, die Schnee sein sollten. Pichirilo und Alejo betrachteten eine Weile das Fahrrad und das Luftdruckgewehr, zwinkerten sich zu und kehrten in ihr Viertel zurück.

Unterwegs fragte Pichirilo: „Bist du sicher, daß du in der Nacht nicht einschläfst?"

„Was fällt dir ein! Ich such mir jetzt ein Eisenrohr, damit ich den Weihnachtsmann verteidigen kann! Was nimmst du?"

„Ich? Ich nehme Steine."

Sie postierten sich bei der Avenida Fernández Juncos, weil sie glaubten, daß der Weihnachtsmann zuerst die besseren Stadtteile besuchen würde. Alejo hatte dem Vater gesagt, daß er mit seiner Rassel Geld verdienen wollte, was diesem recht war, weil ihm nur noch drei Zigaretten geblieben waren. Pichirilo brauchte niemandem Erklärungen zu geben: Die Mutter mußte in dieser Nacht bis zum Morgen arbeiten, und er hatte sich davongemacht, als seine Schwester einen Moment aus dem Haus gegangen war.

Bis Mitternacht waren die Straßen voller Leute; dann wurde es immer stiller. Die beiden Freunde rechneten mit dem Eintreffen des Weihnachtsmannes nicht vor zwei bis drei Uhr früh. Gegen zwei Uhr begann es kühl zu werden. Alejo gähnte schon, und Pichirilo waren, ohne daß er es zeigen wollte, Zweifel gekommen. Jetzt kämpfte er gegen die Niedergeschlagenheit. Um halb drei stand Alejo auf und sagte: „Hör mal, ich glaub nicht, daß er hier durchkommt."

„In Wahrheit hast du Angst, daß dich dein Vater verhaut, weil du so spät heimkommst", sagte Pichirilo.

„Du bist dickschädeliger als ein Holzkopf. Wenn er hier nicht aufkreuzt, dann ist er eben von der anderen Seite gekommen, und wir stehen umsonst da."

„Na gut, wenn du kneifen willst . . ."

„Bleibst du denn?"

Pichirilo zögerte. Auch ihm war schon kalt, und außerdem, so ganz allein hier . . . nein!

„Allein bleib ich auch nicht. Aber eins ist klar: Wenn sie dem Weihnachtsmann eins überziehen und wir keine Geschenke kriegen, dann bist du dran schuld!"

Alejo war die persönliche Sicherheit des Weihnachtsmannes jetzt schon gleichgültig. Er war müde; und ganz so überzeugt war er von dem Brief und dem Wachestehen ohnehin nie gewesen.

„Gehen wir, Kleiner. Der Weihnachtsmann ist alt und wird schon selber wissen, was er zu tun hat."

„Na gut."

Sie gingen schweigend zurück. Wo sie sich trennen mußten, sagte Alejo: „Bis morgen."

Als Pichirilo allein auf die Hütte zuging, da lebte seine Hoffnung plötzlich wieder auf. Jemand öffnete die Tür, kam schnell auf die Straße heraus und verschwand zwischen den Schatten. Pichirilo konnte vage erkennen, daß es ein dicklicher Mann war. Sein Herz machte einen Sprung, er lief auf die Hütte zu und dachte: „Alejo hat recht. Er ist von der anderen Seite gekommen!" In seinem Zimmer konnte er der Versuchung nicht widerstehen und schaute unters Bett, aber in der Finsternis war nichts zu sehen. Er tastete mit beiden Händen darunter, aber nein, das Fahrrad war nicht da. Der Weihnachtsmann hatte es wohl irgendwo anders gelassen, und er mußte bis zum Morgen warten . . . In diesem Augenblick hörte er das Schluchzen seiner Schwester aus dem Nebenzimmer. Warum war sie um diese Zeit noch wach? Und warum weinte sie? Hatte sie zufällig den Weihnachtsmann gesehen und war erschrocken, weil sie ihn für einen Dieb hielt? Er dachte nach, beschloß aber, sie nicht zu fragen, sondern sich hinzulegen und keinen Lärm zu machen.

Pichirilo wurde von einem schrecklichen Schrei geweckt. Es war die Mutter, aus dem anderen Zimmer. Er richtete sich im Bett auf. Es war heller Tag: Er blinzelte ins Sonnenlicht, das durch das offene Fenster kam. Dann hörte er seine Schwester wieder weinen. Die Mutter sprach ganz überstürzt, so daß er kein Wort verstand. In diesem

Augenblick fiel ihm das Fahrrad ein. Er sprang aus dem Bett und sah nochmals darunter. Nichts. In allen vier Ecken des Raumes: nichts. Er ging ins vordere Zimmer: nichts. Von nebenan kam noch immer das Schluchzen der Schwester und die schrille Stimme der Mutter. Pichirilo entschloß sich hineinzugehen. Die Schwester lag im Bett und hatte ihr Nachthemd bis zu den Schenkeln hochgezogen. Pichirilo glaubte, einen roten Fleck auf dem Bettuch zu sehen, aber das kümmerte ihn nicht. Er ließ sich auf alle vier nieder, um besser unter die Möbel sehen zu können. Auch hier: nichts. Dafür hörte er zum ersten Mal deutlich die Worte seiner Mutter: „Das wird dieser Verbrecher büßen! Bei Gott, das muß er büßen!"

Pichirilo stand wieder auf. Seine Schwester hatte sich mit dem Bettuch bedeckt, so daß er nur ihr verweintes Gesicht sah und den schmerzverzogenen Mund. Er wandte sich an die Mutter, aber sie schob ihn hinaus: „Geh in dein Zimmer, Pichi, bitte geh!"

Er kehrte verwirrt in sein Zimmer zurück.

„Ich möchte sterben, Mama, sterben!" hörte er die Schwester. „Ich schwör dir, das wird er mir büßen!" schrie die Mutter. „Ich hab's ja gewußt, daß man ihm nicht trauen kann!"

Das geht zu weit, sagte sich Pichirilo empört. Auch Alejo hat gesagt, daß man dem Weihnachtsmann nicht trauen kann. Aber ihn deswegen gleich büßen zu lassen. Naja, so sind eben die Weiber . . . Die haben sicher auch was von ihm haben wollen und es nicht gekriegt! Das Schreien von nebenan ging ihm auf die Nerven.

Ach was! dachte er. Schließlich fehlen noch die Heiligen Drei Könige. Und die kommen immer, weil die Kamele ja längst den Weg kennen.

Und er ging zu Alejo, um zu sehen, ob er das Luftdruckgewehr bekommen hatte.

James Matthews

TAG DER FAMILIE

Neue Falschheit des weißen Mannes.
Jedes Jahr
versammeln sie sich am Kamin,
um zu feiern:
Vater, Mutter, Tochter und Sohn.

Tag der Familie.
Kein Tag der Freude
für uns –
Mann und Frau sind getrennt.
Unsere Kinder
können das alles nicht verstehen.

Tag der Familie.
Es bedeutet uns nichts.
Wir leiden.
Während sie fromm in der Kirche sitzen,
sind wir getrennt und in Trauer.

Breyten Breytenbach

CHRISTNACHT 1972

m fernsten Norden, wo die Erde fast immer nackt und weiß ist, so kalt wie Kristall ist es dort meistens, war es früher Brauch, die längste Nacht und den kürzesten Tag herauszustreichen und zu feiern, denn das war der Wendepunkt, die Tiefen des Elends, und von jetzt an würden die Tage länger werden und heller, Tag für Tag, dem Frühling zu. Und dann wurde der höchste Baum auf jedem Hügel in Brand gesteckt, so daß die Freudenflammen zum Himmel lodern und der Schnee um die Stämme wie Blut schimmern und die Funken knisternd in die Dunkelheit stieben konnten. Ein Baum, die Flamme des Lebens, wurde den Göttern geopfert. Die Funken wie Blüten, aber auch stolz wie Sterne. Aus dem Tod kommt ein neues verschlingendes Leben.

(Der heutige Christbaum, mit Lichtern behängt, ist ein schwacher Abklatsch dieses alten Ritus.)

Doch in diesem Jahr ist für mich alles schön und fremd zugleich – denn heut nacht genau in einer Woche gehe ich (gehen wir) nach Hause. Nach „Hause?" Wie lange schleppe ich jetzt schon mein „Haus" mit mir herum? Wie dick ist die Kruste auf meinem Rücken, die Schildkrötenschale – ein gefühlloser Nagel? Bis auf wenige Wochen ist es jetzt dreizehn Jahre her. Aber was werde ich dort finden? Auf welches vergangene Ich werde ich dort treffen?

Dieser Abstand, diese Erwartung, der lange Winter sind

jetzt meine einzigen Vertrauten, sind mein Zuhause. Und das, was es dort gibt, ist zu etwas Unbewußtem geworden, zu einer zugewachsenen Wunde, einer Erinnerung, einem Vergangenen und einem Zukünftigen, zum Entwurf eines Traums, dem Paradies. *O geliebte Unbekannte, o fremde Geliebte* . . .

Nicht jedem Sterblichen ist es gegönnt, sein Paradies zu finden. Das Paradies ist das erinnerte Unbekannte. Für mich war das ein Land, eine Erde mit Menschen und Bergen und Meeren und Geräuschen beim Sonnenuntergang: das Ende der Welt, Rauch, Früchte, die bekannte, weil unbewußte Art, in der Menschen gehen, über eine Ebene oder zwischen Apfelsinenbäumen. Ich suche eine Einfachheit, ich will eine Unschuld wiederentdecken, ich will meinen eigenen Schatten aufsaugen und einer Unendlichkeit entgegengehen.

Doch so wird es nicht sein. Vielleicht werde ich so gerade das Bild zerstören können und Klarheit bekommen? Und was ist dann mit den dreizehn Jahren, was geschieht mit ihnen? War das nur ein kurzer und fiebernder Traum? Eine Nachtwache zwischen Morgengrauen und Sonnenaufgang? Wie lang das gedauert hat, und doch, wie schnell ist die Zeit vorbeigegangen? Und jetzt bin ich nur die Summe dieser dreizehn Jahre. Ich bin ein Franzose und gehe nach Afrika, meiner grausamen Mutter; ich bin ein Heimatloser und suche, wo meine Sicherheit war, als ich noch nichts von Sicherheit wußte.

Wir gingen außerhalb der Tore von Paris bei Mung Ngo essen. Die Welt stand still. Selbst die Bomber haben zeitweilig – um einer Scheinheiligkeit willen – ihre Verwüstung von Hanoi und Haiphong eingestellt. Das Todesurteil für ein paar hundert vietnamesische Kinder wurde zwei Tage lang aufgehoben. Lobe den Herren! Die Hauptstadt von Nicaragua wurde von einem Erdbeben eingeebnet, und die

Soldaten fingen an, auf verstörte Plünderer zu schießen. Hoch in den Anden wurden die Überlebenden einer Flugzeugkatastrophe nach siebzig Tagen im Schnee gerettet. Sie hatten die Leichen ihrer Reisegefährten (kräftige Rugbyspieler) in Streifen geschnitten und das kalte Trockenfleisch gegessen, um am Leben zu bleiben. Und übers Telefon hören wir, daß der Südwind in Kapstadt weht, der alte Kapstädter Doktor.* Afrika!

Wir essen und lachen und sehen fern. Ich bekomme von An Fon eine Krawatte geschenkt und von Chi Dieu einen Kalender mit eingebautem Thermometer. Hier drinnen sind es mollige zwanzig Grad Celsius, aber draußen auf dem Balkon, wo die weiße taube Katze sitzt, sprühen die ersten Schneefunken wie Vogelspuren. Die Katze schaut sich den Schnee an, als ob sie – eigentlich ist sie ein verschnittener ER – sich fragt, was aus den Vögeln geworden sei. In der Nähe donnert ein Flugzeug auf und weg in die Nacht. Afrika.

Gleich fahren wir zurück in unsere Mietwohnung innerhalb der Stadtmauern, und die Straße wird glatt und schwarz vom Glatteis sein. Ich werde die bleichen Sterne suchen, denn ich kann meine Freude nicht unterdrücken. Du bereitest den Weg vor meinen Füßen: Du fettest mein Haupt und machst es schwindlig mit Öl. Mein Traum ist ein lichterloh brennender Baum.

---

* Der in den Sommermonaten vom Tafelberg her wehende Südostwind, der den Smog der Stadt aufs Meer hinaustreibt und dadurch, so glaubt der Volksmund, die Einwohner gesund erhält.

Patrice Lumumba

DÄMMERUNG IM HERZEN AFRIKAS

Für ein Jahrtausend, Afrikaner, tierische Leiden,
deine Asche im Winde verstreut, der die Wüste
durchquert.
Deine Tyrannen bauten die glanzvollen, magischen
Tempel,
deine Seele zu retten und deine Leiden.
Das barbarische Faustrecht, das weiße Recht der Peitsche,
du hattest das Recht zu sterben, durftest weinen.
In dein Totem schnitten sie endlosen Hunger, endlose
Fron,
und selbst im Schutze der Wälder lauerte grausig
auf dich der Tod, sich zu dir schlängelnd
wie Zweige, aus den Gruben, von den Wipfeln,
dir deinen Leib umzingelnd und die leidende Seele.
Dann legten sie dir eine falsche Viper ans Herz,
auf den Nacken das Joch des Feuerwassers,
sie nahmen dein süßes Weib für ein Glasperlenglitzern,
und deine unglaublichen Schätze, die niemand ermessen
kann.
Von deiner Hütte aus kündeten Tamtams in das Dunkel
auf gewaltigen schwarzen Strömen blutige Klagen
über mißbrauchte Mädchen, Ströme von Tränen und Blut,
über Schiffe, zu Ländern segelnd, wo der kleine Mann
sich in Ameisenhügeln wälzt, wo der Dollar König ist,
zu jenem verfluchten Land, das sie Mutterland nannten.
Dein Kind, dein Weib, dort wurden sie geschunden, Tag
und Nacht
in einer entsetzlichen, gnadenlosen Mühle,
sie zermalmend in fürchterlicher Qual.

Du bist ein Mensch wie andre. Sie predigen: Glaube,
der gute weiße Gott wird endlich alle versöhnen.
Gramvoll am Feuer hockend, sangst du Klagelieder
vom Bettler, der vor den Türen der Fremden hinsinkt.
Und packt dich Wildheit
und dein Blut kochte die Nacht hindurch –
tanztest du, klagtest du, besessen von Vaters Leidenschaft.
Wie die Raserei eines Sturms zu Liedern nach mannhafter
                                                    Weise
von tausend Jahren des Elends brach eine Kraft aus dir
in der metallischen Stimme des Jazz, im nackten Schrei,
der durch den Kontinent donnert wie gigantische
                                                    Brandung.
Die ganze Welt erwacht, überrascht, in Panik
vom ungestümen Rhythmus des Blutes, vom Rhythmus
                                                    des Jazz,
der weiße Mann erbleicht über die neuen Gesänge,
die Purpurfackeln durch dunkle Nacht hintragen.

Die Dämmerung, Dämmerung ist da, mein Bruder! Sieh
                                        in unsre Gesichter,
in unser altes Afrika bricht ein neuer Morgen.
Uns allein wird das Land gehören, das Wasser, die
                                        mächtigen Ströme,
armer Afrikaner, ein Jahrtausend lang preisgegeben.
Starke Sonnenfackeln werden uns leuchten,
werden die Tränen trocknen, den Speichel auf deinem
                                                    Gesicht.
Sobald du die Ketten zerbrichst, die schweren Fesseln,
vergehen die blutigen Zeiten, um nimmer wiederzukehren.
Ein freies und schönes Kongo wird erstehen aus schwarzer
                                                    Erde,
herrliche schwarze Blüte aus schwarzer Saat.

Tchicaya U Tam'si

DURCH ZEITEN UND FLÜSSE

Eines Tages muß man anfangen, über den Winden
zu gehn.
wie die Blätter der Bäume,
nach einem Misthaufen,
nach einem Feuer, und wenn schon,
andre Zeiten machen aus unsern Herzen Feuersteine.
Achtung, die nackten Füße,
wir werden auf allen Wegen sein.
Achtung, der Durst, Achtung, die Liebe, Achtung,
die Zeit.

Wir haben den Sand, wir haben die Klippe gesehn.
Wer wird es sagen? Wir haben die Flüsse gesehn und
                                                    Bäume.
Wer wird es wissen?
Wir haben es geglaubt.
Wir haben geglaubt, wer wird es leugnen?
Wir haben Netze fischvoll eingeholt.
Es genügte ein Daumendruck,
und die Welt war gerettet durch Schweigen.

Aber seht, das Meer springt über die Klippe,
aber seht, die Klippe bricht das Meer,
in der Ferne gehen die sieben Flüsse
und wollen wissen, warum die Blätter singen.
Es bleibt ein Fluß,
in den Flanken den Schlüssel der Träume,
aber was soll es: wissen,
für wen Blätter über den Winden singen, gesenkten
                                                    Kopfs.

O Kummer, Kummer,
hurra die Blitze,
gehn mit geballter Faust,
gehen zuerst,
die Sterne zählen,
und springen über die Dschungel,
nur darum,
keine Hyäne zu sein noch Python,
dann einen Fluß bejubeln, Hirschkühe, Zebras
und die Gazellen,
dann überspring mit ihm die Wogenklinge.

Aber seht, der Sand und fern das Meer,
aber seht, das Ei, umschaltes Leben.

Nun, schweigen, oder einfach heulen.
Das Kind schläft.
Die Mutter vergißt sich.
Das Käuzchen heult,
der Mond ist still,
die Zeit eilt,
der Mond schwindet,
der Wasserspiegel bricht,
das Kind schläft,
es verröchelt die Mutter.

Ein Morgen am hellen Morgen,
keine Totems noch Papageien,
ein Morgen am hellen Morgen,
keine Blätter mehr, nirgends,
und fernhin gingen sieben verlorene Flüsse.
Das Kind schläft,
das Tamtam erstirbt,
der Mond ist still,
die Zeit eilt
auf den Reittieren des Schweigens.

Marinella Cavel

ES LEBE DAS GLÜCK

Das neue Jahr beginnt.
Es sieht uns siegreich
und stark im Kampf.
Freude und Glück für alle.

Unser Leben war unmenschlich
und sehr schwer.
Wir haben uns davon befreit!

Unser Unglück waren
die Verbrechen und die
Verdorbenheit einiger
Menschen.

Unser Leid, Schweiß und Blut
des Volkes,
war der Gewinn der
Kapitalisten.

Was unser Leben jetzt
kennzeichnet,
dafür kämpfen die Menschen
in vielen Ländern.

Wir feiern unseren Frühling,
die Reinheit des Liedes,
das Brot für alle.

Wir haben die Wurzeln
von Vernichtung und
Sklaverei zerstört.

Es lebe das Glück in
unserem Land!

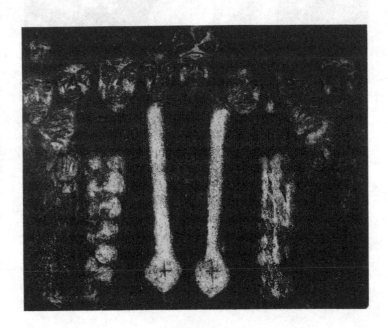

Ho Chi Minh

HERBST-FEST

Der Herbst-Mond ist rund wie ein Spiegel
und wirft seine weißen Strahlen über die ganze Erde.
Ihr, die ihr den Herbst in der Familie feiert,
denkt an die Gefangenen, die den Satz des Elends trinken.

Auch im Gefängnis feiern wir das Herbst-Fest.
Für uns haben Wind und Herbst-Mond
einen traurigen Beigeschmack.
Der Freiheit beraubt, den Herbst-Mond zu genießen,
steigt mein Herz ihm nach auf seinem Weg über den
                                                                    Himmel.

Ho Chi Minh

TSINGMING-FEST

Am Tag des Tsingming-Festes*,
fällt ein feiner, eintöniger Regen.
Die Gefangenen spüren die Traurigkeit
als stechenden Schmerz.
Freiheit, wo bist du? – fragen wir,
und der Wärter zeigt auf den Regierungssitz –
weit entfernt.

* Das Tsing-Ming-Fest ist das chinesische Fest der Birnblüte. Es fällt mit
dem Beginn des Frühjahrs und des neuen Jahres zusammen.

Nicolas Guillen

ANKUNFT

Hier sind wir!
Feucht von den Wäldern gedeiht uns das Wort,
eine zwingende Sonne geht uns auf in den Adern.
Die Faust ist stark
und hält das Ruder.

In Augen Tiefe schlafen unermeßliche Palmen,
und der Schrei dringt aus uns wie ein Tropfen
                                        jungfräulichen Golds.

Unser Fuß,
breit und hart,
zerdrückt den Staub auf den verlassenen Wegen,
die eng sind unseren Reihen.
Wir wissen, wo die Wasser geboren werden,
und wir lieben sie, weil sie unsere Kanus
fortwälzten unter den roten Himmeln.
Unser Lied,
wie ein Muskel ist's unter der Haut der Seele,
unser einfaches Lied.

Wir bringen mit uns den Rauch in den Morgen
und das Feuer in die Nacht,
und das Messer, wie ein hartes Stück Mond,
für barbarische Häute geschaffen;
wir tragen die Kaimane durch den Schlamm,
und den Bogen, der unsere Sehnsüchte schießt,
und den Gürtel der Tropen
und den klaren Geist.

He, Kameraden, hier sind wir!
Die Stadt erwartet uns mit ihren Palästen, zart
wie Waben wilder Bienen;
trocken sind ihre Straßen wie Flüsse,
wenn in den Bergen kein Regen fällt,
und ihre Häuser blicken uns mit schüchternen Augen an.
Die uralten Menschen werden uns Milch und Honig
                                                    reichen,
uns mit grünen Blättern krönen.

He, Kameraden, hier sind wir!
Unter der Sonne
auf unserer schweißigen Haut werden
sich die feuchten Gesichter der Besiegten spiegeln,
und in der Nacht,
da die Gestirne an der Spitze unserer Flammen sich
                                              entzünden,
unser Lachen wird früh über Flüssen und Vögeln aufgehn.

Pablo Neruda

WEIHNACHTEN

Weihnachten rückt näher.
Jedes Weihnachten, das vorübergeht,
bringt uns dem Jahre 2000 näher.
Für diese künftige Freude,
für diesen Frieden von morgen,
für diese weltweite Gerechtigkeit,
für diese Glocken des Jahres 2000
haben wir Dichter dieser Zeit
gekämpft und gesungen.

Dirk Römer

WEIHNACHTEN – MEISTENS AM THEMA VORBEI! . . .

Als Christ zum Christfest etwas zu berichten ist nicht leicht. Liegt doch das Mißverständnis nahe, hier wolle einer nur seine eigene Ware loben. Wie der Apfelsaftvertreter seinen Apfelsaft. Außerdem sind im Kontext von Weihnachten alle Christen ‚gebrannte Kinder'. Es wird ihnen schwerfallen, wertneutral zu berichten. Gibt es doch niemanden, der sich der allgemein verbreiteten Weihnachterei hat entziehen können.

Kein Fest hat einen so starken Sitz im Leben, kein Fest hat so zu Traditionsbildungen geführt wie gerade Weihnachten. Aber es ist auch wieder die Fülle der Sitten und Gebräuche, der Lieder, Spiele und Rituale, die dieses Fest verdächtig machen. Wie, wenn man durch die Menge der Glitzerideen etwas zudeckt? Wie, wenn es möglicherweise Weihnachten gar nicht gegeben hat?

Gehen wir zurück zu den Ursprüngen, können wir ziemlich sicher sagen: Der Name ‚Weihnachten' ist wahrscheinlich heidnischen Ursprungs. Er ist im Mittelhochdeutschen bezeugt und bezeichnet die geweihten Nächte der Wintersonnenwende. Weihnachten ist auch nicht das ursprüngliche Geburtsfest Jesu. Vielmehr hat die Kirche, vor allem im Osten, vorher das Epiphanienfest (Erscheinungsfest) am 6. Januar als Geburtsfest begangen. Heute hat der Sieg des Weihnachtsfestes das Epiphanienfest zum ‚Dreikönigstag' degradiert oder sogar ganz verdrängt.

Die Feier der Weihnacht am 25. 12. in der Kirche beginnt erst im 2. Drittel des 4. Jahrhunderts u. Z. Bis dahin war der Widerstand sehr stark, da man es für eine heidnische Sitte hielt, die Geburtstage der Könige festlich zu begehen. Trotzdem hat sich die Feier der Geburt Jesu rasch durchgesetzt, und zwar offenbar aus dogmatischen Gründen. Denn Weihnachten als Menschwerdung des göttlichen ‚logos' eignete sich gut zur Abwehr von Irrlehren oder solchen, die man dafür ausgab.

Der Ursprung des Weihnachtsfestes liegt in der Kirche Roms. Daß der römische Bischof den 25. 12. zur Feier der Geburt Jesu bestimmte, hat seinen Grund wohl darin, daß Kaiser Aurelian (270–275) diesen Tag zum Fest der Sonne ausersehen hatte. Nun sollte der Sieg Christi, der wahren Sonne, über den heidnischen Kult auf diese Weise bekundet werden. So wurde Weihnachten das Symbol für den Sieg des Christentums im römischen Reich. Seit 354 u. Z. vielleicht sogar schon seit 335 u. Z. wird das Fest in Rom gefeiert. Seitdem ist es im Westen noch mehr als im Osten geradezu das Hauptfest der Kirche geworden.

Interessant ist es auch, in das Buch zu sehen, in dem über die Geburt Jesu berichtet wird. In den vier Evangelien, die sich im Neuen Testament der Bibel finden, und – wie die historisch-kritische Forschung der Theologie belegt hat – die aus dem ersten Jahrhundert unserer Zeitrechnung stammen, finden sich nicht bei allen Berichte über die Geburt Jesu. Je nach dem verschiedenen theologischen Ansatz der vier Schreiber, berichten sie viel oder gar nichts.

Der älteste Text stammt von Markus, den Matthäus und Lukas als Quelle benutzten. Johannes ist ganz selbständig und der jüngste Text.

Markus berichtet von Jesu Geburt nichts. Matthäus geht der Frage nach, wie Joseph sich wohl gefühlt hat, als die Schwangerschaft Marias festgestellt wurde. Lukas berichtet uns die idyllische Weihnachtsgeschichte, nach der wir in Mitteleuropa das Fest feiern. Und Johannes philosophiert von der Fleischwerdung des göttlichen ‚Logos‘. Mithin vier ganz unterschiedliche, sich ja auch in Grundzügen kaum ähnliche Berichte, die den Schluß zulassen: Es ist gar nicht wichtig, wo und wie und wann dieser Jesus nun geboren ist. Wichtig für das Heil der Welt ist die Tatsache, daß er geboren ist. Das ist für die Welt und die Menschen von Bedeutung. Ob er nun in einem Stall oder in einer Höhle, ob bei gutem oder schlechtem Wetter, ob er Windeln hatte oder keine . . . Das ist eigentlich völlig nebensächlich. Aber gerade daran hat sich die Kirche und haben sich auch die Menschen durch die Zeit hochgezogen. Denn wo Gefühl fehlt, wo Menschen kalt miteinander umgehen, paßt die Gefühligkeit des Festes. Eine Lücke wird ausgekitscht. Defizite werden aufgefüllt. Und der Bericht des Lukas eignet sich jetzt wirklich in allen Einzelheiten für eine Dramatisierung.

Was die Kirche aus Weihnachten gemacht hat, gleicht einem Drehbuch für einen Kostümfilm, einem Hollywood-Monster-Schinken von MGM. Auf diese Weise ist der sachliche und nüchterne Tatbestand, daß da früher einmal ein gewisser Jesus geboren wurde, als Vorlage für einen Reißer genommen worden. Falls daran, daß es diesen Jesus tatsächlich gegeben haben sollte, noch irgendwelche Zweifel bestehen, verweise ich nun auf den völlig unverdächtigen römischen Geschichtsschreiber Tacitus, der von Jesu Verhaftung und Tod berichtet!

Es ist für einen Theologen, der zu Weihnachten in seinen Gottesdiensten den erwartungsvollen Augenaufschlag der Weihnachtschristen ansehen muß, gar nicht leicht, auf den Boden der Realität, auf das entkitschte Fundament zurückzufinden. Denn durch die Jahrhunderte haben sich heute – von Musik und Malerei unterstützt – die Bilder des Weihnachtsgeschehens in den Köpfen der Menschen festgesetzt. Wer hat sie nicht im Kopf und vor Augen: die Bilder, wie

Maria sich schwanger bis nach Bethlehem schleppt, Joseph immer neben sich, etwas ältlich, etwas schlaff. Dann der Stress mit der Zimmersuche . . . ‚Wer klopfet an?‘ . . . heißt es im Krippenspiel. Dann schließlich der Stall. Ochse und Esel, Heu und Stroh, Krippe und der Stern über dem Stall. Dazu die Hirten, die anbetend die Knie beugen. Sie werden flankiert von den Sterndeutern, die dann auch noch im Stall aufgetaucht sein sollen.

Wer könnte diese Bilder auslöschen? Doch wohl niemand. Und es ist merkwürdig: kommt das Fest wieder näher, wachsen die Bilder wieder in einem groß! Nachdem ich erlebt habe, daß die Weihnachtsgemeinde doch immer nur bestätigt werden möchte, also nur das akzeptiert, was sie sowieso schon weiß, nehme ich mir die Freiheit, dieser Erwartungshaltung nicht zu entsprechen.

Das Thema Weihnachten ist für mich heute nicht mehr das bisher ausgeführte bunte Stallbild. Ist also nicht bei dem Kind zu suchen. Auch nicht bei der reinen Magd und ihrem Begleiter. Weihnachten hängt für mich – auch theologisch – an den Hirten und dem Friedensruf. Dabei ist mir gleichgültig, ob und wann Engel aufgetaucht sind. Ob einer oder viele gerufen haben. Ob es hell oder Nacht war.

Wichtig ist mir, daß die Fiktion von Frieden den Armen und Verachteten verkündet und bekannt gemacht worden ist. Daß sie, die in der Bevölkerung mit Herablassung Behandelten, zuerst von ihm hören durften. Und daß sie sich in Bewegung gesetzt haben. Zu dem hin, der eigentlich auch in den Jahren seiner Tätigkeit mit den Armen und Verachteten gehalten hat. Der zwar kein Revolutionär war, aber doch Zukunftsweisendes über Lebensperspektiven gesagt und dafür auch Unbequemes getan hat. Die Kirche scheint mir in der Vergangenheit viel zuwenig auf diesen Tatbestand gesehen zu haben.

In der Geschichte der Kirche gibt es eher Beispiele für

Bündnisse mit den Mächtigen. Die Päpste und Bischöfe waren immer auch Machtpolitiker, die ihre eigenen Vorteile und ihren Reichtum im Sinn hatten. Auch die historisch gewachsenen Dogmen haben in erster Linie die Funktion der Disziplinierung. Nur so konnte man sich die Hausmacht erhalten im Kontext der großen Weltpolitik. Und das ist nicht nur von der katholischen Kirche zu melden, die sich ja trotz aller Abspaltungen immer noch als die mächtigste Kirche gebärden kann. Das gilt ebenso für die lutherische und die reformierte, die anglikanische wie die orthodoxe. Ja, man wird die Linie getrost bis zu den Sekten und Gruppen, bis zu den ‚Jugendsekten‘ der Neuzeit ausziehen können. Was treibt z. B. Herr Mun in seiner ‚Vereinigungs-Kirche‘ anderes als Machtpolitik, wenn er sein Süppchen auf dem so beliebten militanten Antikommunismus kocht?

Zwar hat es in der verfaßten Kirche immer wieder auch Mahner gegeben, die zur Ordnung gerufen haben. Zwar haben wir besonders in den Theologen der 3. Welt, in den Theologen der ‚Theologie der Befreiung‘ und der ‚Theologie der Armut‘ bedeutende Denker und Anreger, die die verkarsteten Europäer wieder zu den ursprünglichen Ansätzen zurückführen könnten. Ich bin jedoch sehr skeptisch, was die Erfolge anbelangt.

Die europäischen Kirchenvertreter scheinen in der Mehrheit noch lange nicht bereit zu sein, ihr aus der Zeit des Kolonialismus stammendes Überlegenheitsgefühl gegenüber diesen bedeutenden Anregern aufzugeben.

So argumentieren wir noch immer auf den falschen Gleisen gewachsener Weihnachtstraditionen, wenn wir das Fest wieder feiern. Wir malen weiter die bunten verklärten Bilder einer Weihnacht, die es nie gegeben hat.

Wenn ich wieder einmal alle Vorveranstaltungen und Festtage überstanden habe, beginne ich manchmal zu träumen. Und dann gestaltet sich vor meinen Augen das, was sich bisher in der Wirklichkeit nicht erfüllt: Dann sehe ich die Menschen wie die Hirten damals auf dem Weg. Dann wird in allen Kreisen und Gruppen, in Versammlungen und Veranstaltungen für den Frieden gearbeitet. Nicht nur davon geredet. Und dann wird auch Jesus vor meinen Augen aller Brokatstoffe entkleidet. Dann ist er nicht mehr das pflegeleichte Baby, das die Menschen auf die Knie setzen und schaukeln. Dann ist er nicht die etwas dumme Figur, die man als Erwachsener übertölpeln kann. Dann ist er nicht mehr die Barbi-Puppe, die wir mit unserer äffischen Zuneigung totschmusen. Dann wird er plötzlich als der Fordernde ganz unbequem und verweist auch nicht auf irgendein Jenseits, das dermaleinst der gequälten Kreatur als tröstlicher Ersatz für die Mängel des Diesseits zur Verfügung gestellt werden wird. Dann vertröstet er uns nicht auf Zeiten, die irgendwann für uns anbrechen, sondern er redet für das Hier und Jetzt. Und fordert die Leute, die sich ja so großspurig nach ihm benennen, auf, Konsequenzen zu ziehen: Das Friedensreich hier auf der Erde zu bauen. Nicht durch Abschreckung und Angstmache. Nicht mit den Mitteln der Gewalt und Machtpolitik. Vielmehr mit einem wirklich humanistischen Ansatz. Mit Vertrauen und Toleranz. Und im Bündnis mit Menschen auch anderer Überzeugung.

Gerade Jesus steht für mich für Ausgleich und Entspannung. Er hat sich ja auch mit Menschen an den Tisch gesetzt, die ganz andere Überzeugungen hatten als er selbst. Er hat die entschuldigt, die Verfehlungen begangen haben und hat nicht genüßlich nachgerechnet, wer wo wann gestrauchelt ist. Damit ist die Figur dieses Mannes für mich ein Beispiel für Menschenachtung und Menschenwürde.

Leider erkenne ich in den Hierarchien der verfaßten

Kirchen wenig Bereitschaft, diesen Jesus vor die Welt zu stellen. Statt dessen will man sich lieber aus allem raushalten, auch aus dem von Weihnachten her gebotenen Frieden. Es könnte ja sonst sein, daß man mächtige Verbündete verliert . . .! Da nimmt es nicht Wunder, wenn sich immer mehr Menschen von der Institution Kirche lossagen, die nicht nur das Weihnachten so verfälscht hat. Und es wird zeitlich ablesbar sein, wo und wann sich die Organisation finanziell übernommen hat.

Wenn mich heute jemand fragen würde, wie man denn Weihnachten richtig begehen sollte, dann antworte ich ihm: Indem du dein eigenes Zuhause aller überflüssigen Lasten entledigst. Indem du die bunten Kugeln und den Baum und die Geschenke und das Lametta und die Weihnachtsgans und ‚Ihr Kinderlein kommet' wegläßt. Indem du Hirte wirst und wieder auf das Friedensgebot hörst. Indem du dir klarwirst, daß du zur Solidarität mit den Hungernden und Ausgebeuteten, den Geknechteten und Verachteten aufgefordert bist. Indem du bereit bist, für diese Sache zu kämpfen. Mit Worten, Argumenten und aller deiner Kraft. Indem du an dem Tag, wo andere Mary Christmas huldigen, losziehst zu den anderen Armen. Und gemeinsam mit den anderen stärker wirst. Von Weihnachten befreit, von allen überflüssigen Beiwerken des Festes befreit, wird jeder Mensch zu Weihnachten befreit. Das heißt: Jeder hat die Chance, den Kern der Botschaft vom Frieden auch wirklich zu finden.

Mag ja sein, daß die Christen kurz vor der Auflösung ihrer Firma noch wieder drauf kommen. Wie das damals eigentlich gemeint war. Mit der Geburt des Mannes in Israel. Dieses Jesus, den die Menschen bis heute erinnern, weil er es wohl wirklich wert war.

Mag doch sein; dann will ich jedenfalls gern dazugehören. Zu den Freunden dieses Kindes, das ja auch mal erwachsen geworden ist. Und will mich nicht mehr ärgern über die leuchtenden Augen der Leute. Das ist ja dann ein anderes Leuchten. Dann irgendwann, vielleicht, hoffentlich.

Joachim Kahl

WEIHNACHTEN – DAS HEITERE FRIEDENSFEST IM WINTER

WEIHNACHTEN ALS ÄRGERNIS

Von allen Festen des Kirchenjahres erfreut sich das Weihnachtsfest der weitaus größten Beliebtheit. Es ist das einzige christliche Fest, das auch heute noch unübersehbar und unüberhörbar das Leben vieler Millionen Menschen jeglicher Altersstufe und jeglicher Klassen- und Schichtzugehörigkeit im Kapitalismus und im Sozialismus in jeweils besonderer Weise beeinflußt. Es ist das Fest mit dem höchsten Allgemeinheitsgrad des Teilnehmerkreises, das deshalb freilich sehr vielfältige, durchaus gegensätzliche Funktionen erfüllt. Als festlicher Höhepunkt des Kalenderjahres leitet es dessen letzte Woche, die Zeit "zwischen den Jahren" ein, die mit ihren zahlreichen Feiertagen als eine relativ geschlossene Zeiteinheit gerne als Kurzurlaub genutzt wird.

Im Laufe einer vieltausendjährigen Geschichte, die weit in die vorchristliche Zeit hineinragt, ist das Weihnachtsfest auf sehr unterschiedliche Arten gefeiert worden. Die heute hierzulande vorherrschende Form im Schoße der Familie mit Gabentisch und Kinderbescherung unterm kerzengeschmückten Tannenbaum bildete sich erst in der ersten Hälfte des neunzehnten Jahrhunderts als Bestandteil bürgerlicher Kultur und Ideologie heraus. Gegenüber dem rücksichtslosen Konkurrenzverhalten im Erwerbsleben des sich ausbreitenden Kapitalismus sollte die Familie als Fluchtburg, als nach außen abgeschirmte Stätte der Harmonie und der gefühls-betonten Intimität dienen. Dem Weihnachtsfest fiel dabei die Funktion zu, dieses Familienideal für einige Stunden religiös zu verklären und, wenn möglich, emotional zu befestigen. Der Weihnachtsmann mit Sack und Rute hatte für die Artigkeit der Kinder zu sorgen; die damals neu entstehenden Weihnachtslieder sollten die heimelig-traute Stimmung erzeugen (Stille Nacht, heilige Nacht; O du fröhliche, o du selige; Süßer die Glocken nie klingen; Ihr Kinderlein kommet). Patriarchalische Zucht und Rührseligkeit regierten in der festlich geschmückten „guten Stube".

Heute empfinden immer mehr Menschen die Kehrseite einer sozial abgekapselten Weihnachtsfeier, deren Teilnehmerkreis sich auf die Familie beschränkt. Bereits in Erwartung des Festes spüren sie ein Unbehagen, verfallen in Depressionen oder Aggressionen, und zwar nicht nur die Einsamen und Betagten ohne Angehörige, sondern auch viele andere, die einen geheuchelten Familienfrieden und leere Konventionen verabscheuen, zumal ihnen auch die religiösen Inhalte der Weihnachtsbotschaft immer fragwürdiger und unverständlicher vorkommen. In der Weihnachtszeit nimmt der Drogen- und Alkoholmißbrauch zu, steigt die Selbstmordrate.

Diese Festverdrossenheit ist auch ein Ergebnis der hemmungslosen Kommerzialisierung, die Weihnachten in der Regie der Kaufhauskonzerne erfahren hat. Die traditionsreiche Sitte des Schenkens ist fest in eine psychologisch ausgefeilte Strategie der Profitsteigerung eingebaut worden, so daß das einstmals „freie Schenken" inzwischen „sozialen Zwangscharakter" angenommen hat. Im Weihnachtsgeschäft realisieren verschiedene Branchen der Konsumgüterindustrie einen Hauptteil ihres Jahresumsatzes. Vor allem die Back- und Zuckerwarenindustrie bemüht sich, den Beginn der Vorweihnachtszeit immer weiter vorzuverlegen: Die ersten Christstollen und Spekulatius werden inzwischen bereits Mitte September angeboten.

Dieser hektische Weihnachtsrummel hat gar manchen Kritiker dazu verleitet, kurzschlüssig Ursache und Wirkung, Wesen und Erscheinung zu verwechseln. In einer Gesellschaftsordnung, deren ökonomisches Schwungrad das Streben der privaten Produktionsmittelbesitzer nach Maximalprofit ist, wird schließlich „kein anderes Band zwischen Mensch und Mensch übriggelassen als das nackte Interesse, als die gefühllose ‚bare Zahlung'", wie Marx und Engels formulierten: „alles Heilige wird entweiht". Aber auch alles „Profane" wird, sofern möglich, gewinnträchtig genutzt und seiner Würde beraubt, wie etwa der Sport und die Sexualität.

Gleichwohl darf der kritische Blick auf die weihnachtliche Kombination von Kult und Kommerz nicht kurzsichtig auf die kapitalistische Gesellschaftsformation begrenzt bleiben. Denn als eine Form „verkehrten Weltbewußtseins" hat Religion mit Beginn der Klassengesellschaft immer auch den herrschenden Ausbeuterklassen zur manipulativen Durchsetzung ihrer ökonomischen Interessen gedient. Erinnert sei nur an die Kreuzzüge, Eroberungszüge der christlichen Feudalherren Europas zur Unterwerfung Palästinas unter dem Banner des Kampfes gegen die Ungläubigen oder an die Verquickung von Kolonialismus und christlicher Mission, deren Erfolgsgeheimnis ein neuseeländischer Maori in die ebenso treffenden wie erschütternden Worte kleidete: „Während wir (unter dem Einfluß der Mission) zum Himmel schauten, kamen eure (der Missionare) Brüder und nahmen uns das Land weg."

Die kapitalistische Vermarktung des christlichen Weihnachtsfestes wird durch dessen eigentümlichen Inhalt als das Geburtsfestes Jesu von Nazareth, eines angeblich von Gott geschickten Erlösers begünstigt. Das Geburtsfest etwa des Spartacus, der den größten Sklavenaufstand der Antike organisierte und anführte, ließe sich schwerlich zum rührselig geschmückten Auslösemechanismus eines alljährlich wiederkehrenden Profitsegens ausgestalten.

Peter Schütt hat 1967 die kapitalistische – und damit engmaschig verwoben – die antikommunistisch-militaristische Verwertung des christlichen Weihnachtsfestes satirisch eingefangen:

„Alle Jahre wieder . . .
braust ein Ruf wie Donnerhall durch die Lande: Stille Nacht, heilige Nacht!

Die Kirchenglocken, die schon an gewöhnlichen Sonntagmorgen den Feiertagsfrieden auf-Teufel-komm-raus provozieren, durchbrechen spätestens am zweiten oder dritten Advent die Schallmauer, und ihr heiliges Gelärme vermischt sich mit dem betörenden Klingeln der Ladenkassen zu einer einzigen konzertierten Aktion von Kirche und Kapital. Stille Nacht, heilige Nacht: Der Kunde zahlt, Horten lacht!

Dem konzentrierten Angriff auf Gemüt und Geldbörse des kleinen Mannes ist kein gesunder Menschenverstand üblichen Kalibers gewachsen. Alles gerät in Fluß: der Verkehr, das Geld, die Tränen; Wasser auf die Mühlen des Kapitalismus. Ganze Weihnachtsmannschaften rücken an, um an den Brennpunkten des Geschäftes für Rührung und Umsatz zu sorgen. Rupprechts Knechtsgarden versprühen Tannenduft gegen Demonstranten, schwingen Knüppel aus Schokolade und sichern die Banken mit goldenen Ketten. Merkur, Gott der Diebe und der Kaufherren, ist Mensch geworden und kommt in einem Schaufenster des Konsumglücks zur Welt. Maria trägt ein Modellkleid von Dior.

Um der freien Welt die frohe Botschaft zu verkündigen, läutet die Freiheitsglocke von früh bis spät, vereint sich mit dem Dröhnen der dicken Berta aus dem Kaiserdom zu Speyer und klinge mit lieblichem Schalle den eisernen Vorhang entlang. Die Mauer gerät ins Schwanken, als ob sie die Trompeten von Jericho bedrängten, und durch die spärlichen Risse dringt der Schein einer Weihnachtskerze in die Dunkelheit des Ostens.

St. Nikolaus stattet, flankiert von Einheiten der psychologischen Kampfführung, der Zonengrenze einen Inspektionsbesuch ab, beschenkt die Kinder mit Kriegsspielzeug und schickt den Brüdern und Schwestern eine Rakete mit erbaulicher Weihnachtslektüre. Jedes hundertste Buch ist eine Bibel mit einer Widmung des Bischofs und eingelegtem Notaufnahmeantrag. Die Bundeswehrführung berät, ob sie einen bevorstehenden Einsatz der himmlischen Luftlandedivision mit Fallschirmjägern unterstützen soll. Sie betrachtet die himmlischen Heerscharen traditionsgemäß als ihre Verbündeten. Gemeinsame Manöver finden jeden Sonntagmorgen statt, in Krisenzeiten auch während der Woche.

Alle Welt ist gerührt. Die Staatsmänner senken ihre Stimme und reden dem Gewaltverzicht das Wort. Barockmusik und Orgelseligkeit verdrängen die Argumente, und Gottes Bodenpersonal übernimmt die Regierungsgeschäfte. Der Engel Lobgetön wird zur offiziellen Staatshymne erklärt und verkündet ohne Unterlaß den Hochgesang seiner Herrlichkeit des alleinseligmachenden Kapitalismus."

Die Weihnachtsdemagogie kann freilich nur deshalb so erfolgreich wirken, weil das Weihnachtsfest tief im Leben breitester Bevölkerungsschichten verwurzelt ist und einem realen gesellschaftlichen Bedürfnis entspringt, das nicht erst im Kapitalismus entstanden ist und auch nicht mit dem Kapitalismus untergehen wird. Es ist das Bedürfnis, das einst auf der nördlichen Erdhalbkugel zum Zeitpunkt des Sonnentiefststandes dieses mittwinterliche Fest hervorgebracht hat, lange bevor im vierten Jahrhundert der vermeintliche Geburtstermin Jesu von Nazareth darauf gelegt wurde: sich in der dunkelsten und kältesten Zeit des Jahres mit einer Fülle sinnlicher Elemente das Licht und die Wärme symbolisch zu vergegenwärtigen, die die Menschen zum Leben brauchen, und – in eins damit – dem Leben eine weltanschauliche Orientierung über den Tag hinaus zu verleihen.

Die Wintersonnenwende – der Punkt im gesetzmäßigen Umlauf der Erde um die lebensspendende Sonne, von dem an die Strahlung wieder zunimmt – ist die objektive naturgeschichtliche Grundlage des Weihnachtsfestes. Von ihr aus läßt sich eine humanistische Alternative zum Weihnachtsrummel entwickeln, die zugleich die christliche Mythologie hinter sich zurückläßt: Seinen heutigen Sinn kann das Weihnachtsfest als weltliches und parteiliches Fest des Friedens finden.

DAS WEIHNACHTSFEST – EIN UNVERÄUSSERLICHER BESTANDTEIL DER WELTKULTUR

Das christliche Weihnachtsfest als das kirchliche Erinnerungsfest an die Geburt Jesu von Nazareth wurde erst in der Mitte des vierten Jahrhunderts vom römischen Bischof auf den fünfundzwanzigsten Dezember datiert. Bis dahin hatten, sofern überhaupt ein Interesse an dem Geburtstermin bestand, die verschiedensten Angaben miteinander konkurriert. Im Osten wurde Jesu Geburt am 6. Januar (Ephiphanias) gefeiert (In Wirklichkeit ist das Geburtsdatum Jesu – seine Geschichtlichkeit als wahrscheinlich vorausgesetzt – völlig unbekannt).

Weshalb nun der fünfundzwanzigste Dezember? Der

fünfundzwanzigste Dezember wurde im Römischen Reich spätestens seit Kaiser Aurelianus (270–275) staatsoffiziell als Geburtstag der unbesiegten Sonne(ngottheit) gefeiert. In diesem Fest der „unbesiegten Sonne" waren verschiedene Kulte miteinander verschmolzen, namentlich der kleinasiatische Mithraskult und der Kult des babylonischen Sonnengottes Schamasch. Das Datum lag kurz nach der Wintersonnenwende am 22. Dezember und bewies insofern mit den bereits wieder länger gewordenen Tagen die Unbesiegtheit der Sonne, das Nahen eines neuen Frühlings.

Außerdem wurde in diesen Dezembertagen das schon ältere Fest der Saturnalien gefeiert, ein nach dem Gott Saturn benanntes ausgelassenes, oft lärmendes Fest, bei dem – vorübergehend – die soziale Ordnung von Sklaven und Sklavenbesitzern aufgehoben war und Geschenke ausgetauscht wurden. Den Christen waren die Saturnalien wegen ihres ausschweifenden Charakters besonders verhaßt.

Die Datierung des Geburtsfestes Jesu Christi auf den 25. Dezember war ein strategisch wohlüberlegter religions- und kulturpolitischer Akt der seit Konstantin siegreichen katholischen Reichskirche. Damit sollte der spätrömische Hauptgott, der Sonnengott, verdrängt und an die Stelle des „heidnischen" Festkalenders der kirchliche Festkalender gesetzt werden. Die römisch-„heidnische" Feier der Wintersonnenwende wurde umfunktioniert zur Feier des Aufgangs der göttlichen Gnadensonne in Bethlehem. Dies war um so leichter möglich, als bereits im Neuen Testament Aussagen aus dem Bereich des Sonnenkultes auf Jesus übertragen worden waren: „Ich bin das Licht der Welt", heißt es beispielsweise im Johannes-Evangelium.

Daß ein ursprüngliches Naturfest später zu einem (pseudo-)historischen Erinnerungsfest umgeprägt wurde, ist in der Religions- und Kulturgeschichte keine Seltenheit.

Auch bei der Christianisierung Nordeuropas wurde das germanische Julfest, ebenfalls ein Wintersonnenwendfest, zum kirchlichen Weihnachtsfest umgewandelt.

Der Sonnengott sollte verdrängt werden, und doch setzten sich auch im christlichen Weihnachtsfeste seine Elemente und Symbole immer wieder naturwüchsig durch, und zwar vor allem im mittwinterlichen Grünschmuck sowie im Lichterglanz der Kerzen. Zwar ist der lichtergeschmückte Tannenbaum als optischer Mittelpunkt des Weihnachtsfestes in seiner heute weltweit verbreiteten Form erst ein Erzeugnis der bürgerlichen Familienkultur des 19. Jahrhunderts. Doch ist die mit dem Sonnenkult unmittelbar verbundene Baum- und Lichtsymbolik als solche uralt und hat in mannigfachen Formen die Weihnachts- und Adventsbräuche beeinflußt.

Zum Verständnis der Ästhetik des Weihnachtsbaumes als der geglückten Vereinigung von lebendigem Grün (Immergrün!) und lebendigem Licht sei auf ein Goethe-Wort aus dem „Faust" und seine Kommentierung durch den Dichter Gottfried Keller verwiesen. Es handelt sich um das Wort des Mephisto an den Schüler: „Grau, teurer Freund, ist alle Theorie/ und grün des Lebens goldner Baum." Wie Keller dazu in seinem Aufsatz *Das goldene Grün bei Goethe und Schiller* ausführt, hat Goethe die auffällige Farbkombination Grün und Gold bewußt gewählt, um das goldene Sonnenlicht als den Ursprung alles Gedeihens und Wachsens mit dem Grün der Vegetation ursächlich zu verknüpfen.

Damit ist auch der weltanschauliche Gehalt des – über die ganze Erde verbreiteten – Sonnenkultes angesprochen. Jegliche Überheblichkeit gegenüber den alten Völkern längst versunkener Kulturen, die in dem glühenden Ball die höchste Gottheit anbeteten, ist verfehlt! Denn sie begriffen – in mythologisch-personifizierender Form –

durchaus zutreffend, daß letztlich *alles* Leben, Blühen und Gedeihen auf der Erde völlig von der Sonne abhängt.

Was damals naiv beobachtet und geahnt wurde, ist heute von Astronomie und Geowissenschaften im einzelnen und im ganzen bewiesen. In *Bürgels Himmelskunde* heißt es dazu: „Ohne Sonnenlicht und Sonnenwärme wäre unser Erdball eine leblose Schlacke, ein unbewohnter, unbewohnbarer Planet, auf dem jedes höher organisierte Leben unmöglich wäre. Wir sehen, daß dort, wo die Sonnenstrahlen nur sehr schräg oder längere Zeit gar nicht auftreffen – wie in den Polargebieten –, alles in Eis und Schnee erstarrt und die organische Welt nur ein kümmerliches Dasein fristet. (. . .) Die Sonne ist der Motor unserer Welt, der alle Räder treibt! Sehen wir genau zu, so zeigt es sich, daß überhaupt alle Kräfte in uns umgeformte Sonnenkraft sind. Alles, was wir essen, wächst, wird und gedeiht im Strahl der Sonne. Keine Pflanze vermag ohne Sonnenlicht und Wärme zu wachsen, und jedes Tier ist wieder auf die Pflanzen angewiesen, ob es sich nun ausschließlich von ihnen nährt oder ob es von anderen Tieren lebt, die schließlich wieder Pflanzen zum Aufbau ihres Körpers verwenden." Auch die fossilen Brennstoffe wie Kohle, Erdöl, Erdgas sind umgeformte Sonnenenergie. Sie stammen aus verwesten Pflanzen und Tieren, die vor Jahrmillionen – ebenfalls nur dank der Sonne – lebten. Kurz: Alles Geschehen auf dem Erdball hängt direkt oder indirekt von der Sonne, ihrem Licht und ihrer Wärme ab. Da die Sonnenenergie, die durch Kernfusion entsteht, noch für einige Milliarden Jahre reicht, eröffnet sich auch der weiteren Entwicklung des Lebens auf der Erde eine ebensolange Perspektive, es sei denn, daß die Menschheit sich selbst vernichtet oder die natürlichen Grundlagen ihrer Existenz untergräbt.

Im Sonnenkult, vermutlich der einzigen wirklich universal verbreiteten Religion, und in den Sonnenwendfeiern brachten die Menschen seit Jahrtausenden in mythologisch-magischer Form eine im Kern richtige, elementar materialistische Erkenntnis zum Ausdruck: die kosmische Einheit von Mensch und Natur. Indem sie den rhythmisch wiederkehrenden „Sieg des Lichtes über die Finsternis" feierten, bejahten sie die materielle Grundlage ihres Lebens, bejahten sie ihr Leben selbst.

In dieser ältesten Traditionsschicht des Weihnachtsfestes, die durch die christliche Vergeistigung des Gestirns Sonne zur Gnadensonne in der inhaltlichen Ausgestaltung der Weihnachtsbotschaft nahezu völlig unterdrückt wurde, hat ein weltliches Interesse an Weihnachten sein geschichtliches Fundament. Die theoretische Weiterbildung besteht darin, daß dieselben wohltätigen Wirkungen der Sonnenstrahlen nicht länger zum Geschenk einer beeinflußbaren, schließlich stets siegreichen Gottheit mystifiziert, sondern als kausal bestimmte, prinzipiell berechenbare, materielle Naturprozesse begriffen werden.

Weihnachten als das heitere mittwinterliche Fest der natürlichen Selbstbejahung des menschlichen Lebens wird damit kraft seiner inneren Logik zum Fest des Friedens. Denn das Leben selbst verlangt nach Frieden als seiner historisch-gesellschaftlichen Existenzbedingung. Die weltanschaulich-politische Profilierung des Weihnachtsfestes zum weltlichen Friedensfest ist bereits in der ältesten Traditionsschicht verankert und knüpft nicht nur an die christliche Tradition, namentlich an die Engelsbotschaft „Friede auf Erde" an.

Die Engelsbotschaft „Friede auf Erden", eine der beiden Schlüsselideen des christlichen Weihnachtsfestes, war ein ideologisches Echo der Politik des Caesar Augustus, der dem Römischen Reich nach einem halben Jahrhundert der Bürgerkriege 45 Jahre inneren Friedens bescherte. Lukas selbst, der Verfasser der neutestamentarischen Weihnachtslegende, verbindet die Geburt des göttlichen Erlösers und Friedensstifters in Bethlehem mit einer Verwaltungsreform des Augustus.

Uralte Sehnsüchte der Menschen nach einem glücklichen Leben in Frieden und Sicherheit schienen sich im Zeitalter des Augustus erfüllen zu wollen. Mit allen Titeln, die der hellenistische Herrscherkult bereithielt, wurde Augustus gehuldigt. Er wurde als Sohn Gottes, als Heiland, als Weltheiland, als Heiland des Menschengeschlechtes verehrt. Seine Geburt wurde als „frohe Botschaft" (Evangelium) gefeiert, da er den Frieden zu Lande und zu Wasser gebracht habe. Dichter wie Horaz und Vergil besangen seine Herrschaft als Beginn der seligen Endzeit, des Goldenen Zeitalters.

Worin besteht die inhaltliche Besonderheit der Engelsproklamation in der lukanischen Weihnachtslegende? Aus ihrem Zusammenhang ergibt sich, daß der Friede, der durch die Geburt des Retters hergestellt wird, als Friedensschluß zwischen Gott und der Menschenwelt gedacht ist und in der Vergebung der Sünden besteht. Der Anbruch des ewigen Friedens im messianischen Reich wird also – in logisch unklarer Form – mit einer inneren Umwandlung der Menschen verbunden (Buße, Versöhnung mit Gott, Glaube). In dieser Verknüpfung der Friedensverheißung mit einem nicht kontrollierbaren inneren Vorgang liegt die schließliche historische Überlegenheit des Christuskultes gegenüber seinem älteren Konkurrenten, dem römischen Kaiserkult, mitbegründet. Denn dadurch war es angesichts der – unvermeidlicherweise – real fortbestehenden Friedlosigkeit der Welt möglich, einer Widerlegung der Fähigkeiten des göttlichen Friedensstifters auszuweichen. Der schlechte Zustand der Welt konnte stets mit der menschlichen Sündhaftigkeit erklärt und von einem inneren Frieden, der von oben kommend und höher sein sollte als alle Vernunft, abgehoben werden.

Die christliche Weihnachtsbotschaft mit ihren beiden Schlüsselideen – dem Mythos von der Menschwerdung Gottes und der Friedensutopie – gehört zum humanistischen Kulturerbe der Menschheit. Der Glaube an die Menschwerdung Gottes um der Erlösung der Menschen willen war eine heroische Illusion der Menschheit, der eine optimistische Tendenz zur Selbstbejahung innewohnt. Gerade die ausgebeuteten und unterdrückten Klassen konnten in diesem Herzstück der christlichen Religion eine weltanschauliche Begründung und Befestigung ihres Selbstwertgefühls, ihrer Subjektivität finden, die sie zum Überleben unter den Bedingungen der Entfremdung benötigten. Auch die Friedensutopie – Friede auf Erden als Resultat göttlichen, nicht menschlichen Handelns – gewährte den werktätigen Klassen unter den Gegebenheiten gesellschaftlicher Friedlosigkeit einen tröstlichen, freilich nicht weniger illusionären Ausblick.

Der illusionäre Charakter der christlichen Weihnachtsbotschaft insgesamt ermöglichte es allerdings auch den jeweils Herrschenden mit denselben religiösen Gebilden ihre ideologischen Interessen erfolgreich zu befördern und konkret beispielsweise in Deutschland das Weihnachtsfest massiv in den Dienst des Militarismus zu stellen (vor allem 1870/71, 1914/1918, 1939/1945, die sogenannte deutsche Kriegsweihnacht).

Der Beitrag des Christentums zur inhaltlichen Ausgestaltung des Weihnachtsfestes bestand darin, gleichsam die Sonne vom Himmel auf die Erde herabzuholen. Die kultische Verehrung des Gestirns wurde historisierend umgeprägt und die Geburt Jesu von Nazareth als der Aufgang einer neuen Sonne, der wahren Sonne, der „Sonne der Gerechtigkeit" (nach Maleachi 4,2) verkündet. Darin sprach sich die bedeutende Erkenntnis aus, daß der glühende Himmelskörper – unbeschadet seiner schlechthin lebensspendenden Kraft – doch wie die Natur insgesamt dem menschlichen Schicksal gänzlich gleichgültig gegenübersteht und das menschliche Heilsverlangen nicht stillen kann. Dies vermag, so lautete die christliche Weihnachtsbotschaft, nur ein menschlicher Gott, ein Mensch gewordener Gott. Mit seiner Geburt sei die messianische Endzeit angebrochen, in der „Frieden auf Erden" walte.

Dank dieser Tendenz zur Historisierung, Ethisierung und Politisierung hat die christliche Religion das Weihnachtsfest qualitativ bereichert und weitergebildet. Freilich wurde dieser kulturelle Fortschritt erkauft mit der religiösen Verfemung der Naturbasis allen menschlichen Lebens. Eine tiefgreifende Entfremdung von Mensch und Natur durchzieht daher die Geschichte des Christentums.

Diese Entfremdung aufzuheben und den urtümlichen Materialismus des Sonnenkultes in seiner begrenzten Berechtigung zu rehabilitieren, kann ein Ergebnis kritischen Umgangs mit dem Weihnachtsfest sein. Damit soll nicht insgesamt hinter die christliche Entwicklungsstufe des Festes zurückgegangen werden. Es handelt sich vielmehr um eine nachchristliche Fortentwicklung des Festes, bei der die bleibenden Elemente aller Traditionsschichten miteinander vermittelt und zu einer höheren Einheit geführt werden.

Eine inhaltliche Schlüsselrolle spielt dabei der christliche Inkarnationsmythos, der Glaube an die Menschwerdung Gottes in Jesus Christus, der Mittelpunkt der christlichen Religion. Es war Ludwig Feuerbach, der – aufbauend vor allem auf den Erkenntnissen seines Lehrers Hegel – das „Geheimnis der Inkarnation" gelüftet hat: „Gott entäußert sich um des Menschen willen seiner Gottheit. Hierin liegt der erhebende Eindruck der Inkarnation: das höchste, das bedürfnislose Wesen demütigt, erniedrigt sich um des Menschen willen. In Gott kommt daher mein eigenes Wesen mir zur Anschauung; ich habe für Gott Wert; die göttliche Bedeutung meines Wesens wird mir offenbar. Wie kann denn der Wert des Menschen höher ausgedrückt werden, als wenn Gott um des Menschen willen Mensch wird, der Mensch der Endzweck, der Gegenstand der göttlichen Liebe ist?"

In der Tat enthält der Inkarnationsmythos mit seiner Tendenz zur radikalen Vermenschlichung der Gottheit den humanistischen Kern des Christentums, der freilich bei Feuerbach noch nicht völlig konsequent aus seiner religiösen Hülle befreit wurde. Denn Feuerbachs Zurückführung der Theologie auf Anthropologie war zugleich das Programm einer Erhebung der Anthropologie zur Theologie. Erst Karl Marx hat die Religionskritik konsequent atheistisch zu Ende geführt. Der Mensch ist das höchste Wesen für den Menschen.

Weihnachten als nachchristlich-atheistisches Friedensfest – statt der Menschwerdung Gottes wird die Menschwerdung der Menschen gefeiert, für die der Friede auf Erden die entscheidende gesellschaftliche Bedingung ist.

Der wesentliche inhaltliche Schritt besteht darin, daß der „Friede auf Erden" nicht länger als göttliche Gnadengabe erhofft, sondern konsequent als menschliche Lebensaufgabe begriffen wird. An die Stelle des unbegründeten Vertrauens auf einen Gott tritt das empirisch begründete Vertrauen auf die Kraft der Menschen, die friedensstörenden, kriegerzeugenden Faktoren, vor allem Ausbeutung und Unterdrückung, ausmerzen zu können. Seit 1917 sind in dieser Richtung grundlegende qualitative Fortschritte erfolgt. Mit der Herausbildung eines sozialistischen Weltsystems ist der Friede auf Erden in den Bereich des konkret praktisch Herstellbaren gerückt. Gleichwohl sind auch die

Kräfte des militärisch-industriellen Komplexes in die Lage gekommen, die Menschheit mit einem dritten Weltkrieg auszulöschen.

Dies zu verhindern und eine vollständige Abrüstung durchzusetzen, ist die politische Hauptfrage der Gegenwart, die Frage aller Fragen. Weshalb sollte nicht auch das Weihnachtsfest, das aufgrund seiner Tradition und seiner Verwurzelung in allen Schichten der Bevölkerung dazu gute Voraussetzungen bietet, voll und ganz, das heißt *inhaltlich eindeutig und parteilich*, in den Dienst des Friedens gestellt werden können? Die demokratische Bewegung, die Friedensbewegung und die Arbeiterbewegung sollten Weihnachten nicht länger ihren erklärten Gegnern und den christlichen Kirchen überlassen, vielmehr dieses Fest als *ihre* Möglichkeit erkennen, es bewußt als *ihr* Fest gestalten, umgestalten, neugestalten, sich der vorgegebenen Traditionselemente kritisch-schöpferisch bedienen und so das Weihnachtsfest als eine kulturelle Triebkraft im weltweiten Kampf der Völker für den Frieden entwickeln!

Ein solches Weihnachtsfest, das als heiteres Volks-, Familien- und Kinderfest gefeiert wird, hat inhaltlich zwei Dimensionen:
– eine kosmologisch-ökologische Dimension: die Vergegenwärtigung der Einheit von Natur und Mensch als dialektisches Wechselverhältnis,
– eine historisch-politische Dimension: die Vergegenwärtigung des Friedens unter den Völkern als *der* vordringlichen Aufgabe.

Dieser einfache und leichtverständliche Sinngehalt findet seine Entsprechung in der ideologischen Bandbreite der sozialen Träger des Festes, die es als humanistisches Element einer demokratischen und sozialistischen Kultur charakterisiert. Als Fest, das weltanschaulich im naturwissenschaftlichen Materialismus verankert ist und politisch für das klassen- und systemübergreifende Menschheitsideal des Friedens Partei ergreift, hat es einen vermittelnden Charakter analog der Weltfriedensbewegung, die ebenfalls – trotz der entscheidenden Beteiligung von Kommunisten und Sozialisten – keinen proletarischen, sondern einen allgemein demokratischen Charakter hat.

Trotz dieses seines unzweideutigen Gehaltes ist Weihnachten kein ideologischer Schulungskurs, keine Wahlkundgebung einer Partei, keine Vortragsveranstaltung, sondern ein Fest mit allem, was zu einem Fest gehört. Es befriedigt das Bedürfnis nach Geselligkeit, nach menschlicher Nähe und Geborgenheit im Kreise von Gleichgesinnten und läßt gemeinsame Auffassungen nicht nur mit dem Verstand begreifen, sondern vor allem auch gefühlsmäßig erleben.

UNTERWEGS ZU EINER NEUEN FESTLICHKEIT

In der kulturtheoretischen Literatur der Bundesrepublik findet sich häufig die Behauptung eines religiösen Ursprungs und Charakters von Festlichkeit überhaupt. Gerd-Klaus Kaltenbrunner, der Herausgeber eines Bandes *Grund zum Feiern. Abschaffung und Wiederkehr der Feste* schreibt in seinem Vorwort: „Unendlich vielgestaltig sind die Erscheinungsweisen des Festes. Alle haben einen Bezug zur religiösen Dimension, zur Welt des Kultischen und Heiligen. . . Wenn die Götter schwinden, versinken auch die Feste. Sie entarten zur bloßen Lustbarkeit, zu rohen Ausbrüchen ungezähmter Kräfte, zu aufwendigen Demonstrationen protziger Eitelkeit, technischer Raffinesse und kollektiven Stumpfsinns. Trotz zunehmender Freizeit nimmt die Neigung zum Feiern eher ab. Rationalisierung, Funktionalisierung und Industrialisierung sind durchweg festfeindliche Tendenzen; was übrig bleibt, ist mehr Vergnügungsindustrie, massenmedial gesteuerte Unterhaltung und für Touristen bestimmte Folklore."

Diese Auffassung, die der katholische Philosoph Josef Pieper in die bombastischen Worte kleidet, die „Verweigerung der kultischen Preisung" bringe „die Wurzel des Festes zum Verdorren", mag gefühlsmäßig auch bei manchen Zeitgenossen mitschwingen, die der christlichen Botschaft vom göttlichen Erlöser abhold sind und sich nicht getrauen, Weihnachten als weltliches Fest zu feiern. Sie sollten sich prüfen, ob sie nicht *ungewollt* das Vorurteil nähren, der ganz auf das „Diesseits" orientierte, politisch aktive Mensch sei notwendig verbiestert, humorlos, unfähig zum Feiern.

Demgegenüber ist es wichtig, sich selbst und anderen klarzumachen, daß es nicht nur eine religiös motivierte Festfreude gegeben hat und gibt, sondern daneben auch eine jahrtausendealte Tradition rein weltlich begründeter Freude am Feiern, Freude am festlichen Ja zum Leben selbst. Der „lachende Philosoph" Demokrit (um vierhundert vor unserer Zeitrechnung), der eigentliche Begründer des philosophischen Materialismus, steht am Anfang dieser Traditionslinie, die Namen wie Epikur, Benedict Spinoza, Johann Wolfgang Goethe, Heinrich Heine, Gottfried Keller, Rosa Luxemburg und Bertolt Brecht umfaßt.

Demokrits Fragment 230 *Ein Leben ohne Feste ist wie ein langer Weg ohne Einkehr* erklärt ohne jeglichen Bezug auf Götterkult nüchtern aus den Bedürfnissen des Lebens selbst, weshalb die Menschen Feste feiern: Feste sind notwendige Rast- und Erholungspausen, die die Unruhe und Anstrengungen des Alltags besser bewältigen lassen. Die Menschen stärken und erquicken sich, erneuern ihr Kraft- und Selbstbewußtsein. Wie eine Einkehr bei einer langen Wanderung dienen Feste der Orientierung über den erreichten Standort: Was liegt hinter uns? Was liegt vor uns? Welchen Weg sollen wir einschlagen? Auf diese Weise unterbrechen und gliedern Feste das gleichförmige Zeitkontinuum, „erheben" über den Alltag, heben aus der Alltäglichkeit heraus: falsch im Sinne einer Trennung zwischen Fest und Alltag, indem der Alltag im Fest verdrängt, verfälscht, verklärt wird; richtig im Sinne eines Abstandes des Festes zum Alltag, so daß sich die Festteilnehmer vom Alltag erholen und neu für ihn wappnen.

Die Tiefe der Demokrit'schen Erkenntnis zeigt sich vor allem auch darin, daß sie nicht nur für gesellige Festveranstaltungen am arbeitsfreien Feiertag gilt, sondern auch eine festliche Dimension, festliche Akzente im Alltagsleben miteinbezieht.

Zwei große Künstler, die auch von der schwersten aller Künste, der Lebenskunst, etwas verstanden, können vermitteln, wie vieles dem alltäglichen Leben festlichen Glanz verleihen kann.

> Man sollte alle Tage wenigstens
> ein kleines Lied hören,
> ein gutes Gedicht lesen,
> ein treffliches Gemälde sehen und,
> wenn es möglich zu machen wäre,
> einige vernünftige Worte sprechen.

Johann Wolfgang Goethe

VERGNÜGUNGEN

Der erste Blick aus dem Fenster am Morgen
Das wiedergefundene alte Buch
Begeisterte Gesichter
Schnee, der Wechsel der Jahreszeiten
Die Zeitung
Der Hund
Die Dialektik
Duschen, Schwimmen,
Alte Musik
Bequeme Schuhe
Begreifen
Neue Musik
Schreiben, Pflanzen
Reisen
Singen
Freundlich sein.

Bertolt Brecht

So kann gar manches zum Fest werden, aber niemals alles. Niemals kann das ganze Leben zum Fest werden. Denn das menschliche Leben beruht auf Arbeit, auf disziplinierter Aneignung der Natur durch vereinte menschliche Kraft. Dabei müssen die Menschen die objektiven Gesetze der Natur beachten und können niemals ihre Subjektivität völlig ungebunden, spielerisch entfalten. Auch nicht entfremdete, nicht ausgebeutete Arbeit, in der die Menschen sich selbst verwirklichen können, bleibt Arbeit und bildet einen Gegenpol zur körperlich-geistigen Erholung im Schlaf, im Sport, in der Muße, im Feiern von Festen. Feste sind durch Arbeitsruhe gekennzeichnet, auch wenn zu ihrer Vorbereitung Arbeit unerläßlich ist.

Festlichkeit hebt sich heraus aus der zweckrationalen Welt der Arbeit. Der Rhythmus von Alltäglichkeit und Festlichkeit verleiht dem menschlichen Leben die Würze, die es genießbar macht. Dabei gehört zum Wesen des Festlichen der besondere Aufwand, die Fülle, wodurch ein sinnlich erlebbarer Abstand zum Gewöhnlichen erzielt wird. Gemeinsamer Schmaus, Gesang, Tanz, Spiel, Geschenke, Blumen- und Kerzenschmuck, Auflockerung der menschlichen Beziehungen: Alles überhöht phantasievoll den Alltag.

Diese Überhöhung des Alltags – erfolge sie in religiösen oder in weltlichen Formen – verbindet die feiernden Menschen mit der Natur, mit der Geschichte und mit einer Perspektive für die Zukunft, die den einzelnen übergreift. Feste ermöglichen eine gefühlsmäßig vertiefte Besinnung auf das Woher und Wohin der Menschen.

Seit Jahrtausenden feiern die Menschen Feste, mit denen sie einerseits den Kreislauf der Jahreszeiten, andererseits den Ablauf ihres eigenen Lebens begleitend interpretieren, in ihrer Bedeutsamkeit herausheben.

Die gemeinschaftsfördernde und -vertiefende Funktion derartiger Feste wie auch ihre wichtige Rolle bei der Ideologievermittlung und -aneignung wurde bereits von bedeutenden Denkern und Künstlern der bürgerlichen Aufklärung untersucht. Namentlich Jean Jacques Rousseau hat die gewaltfreie und doch bestimmende Integrationskraft großer republikanischer Volksfeste betont: Sein Meisterschüler Maximilien Robespierre hat hieran angeknüpft und auf dem Höhepunkt der Französischen Revolution den Maler Jacques-Louis David mit der Durchführung solcher Feste beauftragt. Allerdings verfielen alle drei der Illusion, Feste – mitsamt den dazugehörigen Inhalten und Formen – ließen sich beliebig „machen", aus dem Boden stampfen. Es ist aufschlußreich, daß Robespierre und David mit dem

„Fest des höchsten Wesens" scheiterten, weil es konstruiert und nicht wirklich in Bedürfnissen des Volkes verwurzelt war.

Auch der junge Hegel hat unter dem Einfluß Rousseaus und Robespierres republikanische Volksfeste als Alternative zu den sozial isolierenden Kultformen der christlichen Religion propagiert. Er zielte dabei besonders auf die selbständige Aktivität des Volkes, wie sie ihm in den antiken Festen der Griechen vorgebildet erschien. Dieses freiheitliche Element eigenständiger Betätigung bei Volksfesten hat auch Goethe besonders geschätzt. Über den römischen Karneval, den er bei seinem Italienaufenthalt kennenlernte, schrieb er: „Das Römische Karneval ist ein Fest, das dem Volke eigentlich nicht gegeben wird, sondern das sich das Volk selbst gibt."

Die Verknüpfung mit dem unmittelbaren Volksleben war es, die Gottfried Keller an den zahlreichen Festen seiner Schweizer Heimat interessierte und zur häufigen eigenen Teilnahme begeisterte. In seinem Aufsatz *Am Mythenstein,* angeregt durch die große Schiller-Jahrhundertfeier 1859, plädiert er für eine möglichst tiefe Verankerung der Kunst im Volk, und zwar in Gestalt von Volksfesten, denen er eine wichtige Rolle bei der politisch-moralischen Bildung des Volkes insgesamt beimißt. Der Aufsatz schließt mit dem Ausblick, daß die Goethesche Formulierung „saure Wochen, frohe Feste" von der Weltgeschichte schließlich auch umgedreht werden möchte und Volksfeste sich zu „Müttern des Kampfes" entwickeln können.

VORSCHLÄGE ZUR WEIHNACHTLICHEN FEIERGESTALTUNG HIER UND HEUTE

Feste feiern muß gelernt werden. Weihnachten feiern muß erst recht gelernt werden. Die nicht einfach zu bewältigende Aufgabe besteht darin, über dem berechtigten Protest gegen hohle, steife und veräußerlichte Formen nicht jeglichen Sinn für Formen überhaupt zu verlieren. Formlosigkeit ist ein kultureller Mangel. Der Wille zum Fest ist auch der Wille zur Form. Im Fest wird Inneres äußerlich. Die innere Stimmung der Lebensfreude findet eine äußere Gestalt, die sich vom Alltäglichen abhebt: in der Kleidung, durch den Schmuck der Räume, durch Musik. Die Dialektik von Innerem und Äußerem besteht freilich darin, daß auch die festlichsten Requisiten allein keine festliche Stimmung erzeugen. Vielmehr sind es die beteiligten Menschen selbst, die ihre heiter getönte Subjektivität ausdrücken.

Als weltliches Friedensfest ist Weihnachten nicht durch die Einheit von Kitsch, Kult und Kommerz, sondern durch die Einheit von Rationalität und Emotionalität, von Politik und Poesie gekennzeichnet. Unbefangen bedient es sich aller Traditionselemente, die heute geeignet sind – inmitten der Gefühlskälte des Kapitalismus –, menschliche Wärme und Nähe zu vermitteln, und zwar nicht durch das Aussteigen ins kleine Privatglück, sondern durch das Aufzeigen der menschheitlichen Perspektive im solidarischen Handeln für den Weltfrieden.

In der Gefühlslage des Festes ergibt sich daraus eine charakteristische Verschiebung. Die traulich-besinnliche Atmosphäre, die aus der Familienfixiertheit und der religiösen Andacht herrührt, tritt zurück zugunsten einer mobilisierenden Heiterkeit. Das Fest erinnert nicht mehr an eine vermeintliche Heilstat Gottes, sondern wird zur Willenskundgebung von Menschen, die sich auf ihre gemeinsamen Interessen besinnen.

Diese Um- und Neuorientierung des Weihnachtsfestes muß in ihren Folgen nüchtern eingeschätzt werden. Es handelt sich darum, alle Potenzen des kulturellen Erbes für die Gegenwart zu erschließen. Der Kapitalismus wird dadurch nicht abgeschafft, infolgedessen auch nicht der kapitalistische Weihnachtsrummel. Aber auf der Seite des subjektiven Faktors werden Quellen der Lebensfreude und des Lebensmutes neu aufgetan, die eine antikapitalistische Praxis beflügeln können.

Bei der Realisierung der Einheit von Rationalität und Emotionalität, von Denken und Fühlen fällt der Kunst in all ihren Gattungen die entscheidende Schlüsselrolle zu. Auf die Aneignung der Meisterwerke großer Künstler, die sich religiös verstanden, kann auch ein nachchristliches Weihnachtsverständnis nicht verzichten. Das Weihnachtsoratorium Johann Sebastian Bachs beispielsweise bleibt auch für Atheisten eine tiefe Quelle der Freude und ein musikalischer Hochgenuß. Karl Liebknechts Worte aus dem Zuchthaus Luckau an seinen Sohn (1917), mit denen er ihm das Hören der Matthäus-Passion empfahl, dürfen sicher in seinem Sinne auch auf das Weihnachtsoratorium übertragen werden: „Nichts Süßeres, Zarteres, Rührenderes und – in den Volksszenen – nichts Großartigeres kennt die Musik."

Die Schauspielkunst kann einen besonders wichtigen Beitrag im Rahmen des Festes leisten: vor allem in Hinblick auf eine Kinderkultur, die dem Frieden und der Völkerfreundschaft verpflichtet ist. Von den zahlreichen „geistlichen" Weihnachtsspielen (Hirten-, Krippen- und Dreikönigsspielen) kann inhaltlich nichts übernommen werden. Sie verklären patriarchalische Verhältnisse in Gesellschaft und Familie und leiten dazu an, einem legendären Säugling zu huldigen, vor ihm niederzuknien und in ihm das vermeintliche Geheimnis Gottes anzubeten.

Wo sind die Dramatiker, die neue, andere Weihnachtsspiele verfassen? Szenische Darstellungen des aufrechten Ganges, Lehrstücke des Friedens, volks- und kindertümliche Schauspiele mit einem einfachen Handlungsschema, das die Dramatik des Friedenskampfes zeigt, über die

Gegner des Friedens informiert, Betroffenheit, Nachdenklichkeit, Zuversicht auslöst. Friedliebende Schriftsteller, Liedermacher, Komponisten, Künstler aller Art finden hier einen großen Aufgabenbereich.

Weihnachtsfeiern in Schulen und in politischen Organisationen der demokratischen und der Friedensbewegung sollten keinesfalls auf die traditionelle Figur des Weihnachtsmannes im rote Mantel und mit weißem Bart verzichten. Er bietet sich ideal als augenzwinkernder Moderator der gesamten Veranstaltung und als ihr weltläufig-weltweiser Hauptredner an. Unter dem Motto „Ein Weihnachtsmann erzählt seine Geschichte . . ." kann er geschickt Informationen über das Weihnachtsfest, seine Geschichte, seine Symbole, seine nationalen Spielarten liefern. Er ist es auch, der in einer Festansprache eine aktuelle weltanschauliche Orientierung der Teilnehmer vermitteln kann.

Der Weihnachtsmann allein macht freilich kein stimmungsvolles Weihnachtsfest. Ohne Scheu sollten alle jene folkloristischen, künstlerischen und kulinarischen Elemente aus der jahrtausendealten deutschen und internationalen Weihnachtstradition übernommen werden, die heute geeignet erscheinen, den Sinngehalt des Festes als eines heiteren Friedensfestes sinnlich zu bekräftigen und atmosphärisch zu verdeutlichen. Ein kerzengeschmückter Tannenbaum als optischer Mittelpunkt, Musik, gemeinsamer Gesang, Vortrag von Gedichten und Geschichten sind wesentliche Bestandteile. Auch auf Geschenke braucht keineswegs verzichtet zu werden.

Über den souveränen Umgang mit den zahlreichen christlichen Traditionselementen, die hierzulande unvermeidlich mit Weihnachten verquickt sind, läßt sich viel von Goethes Vorgehen im „Faust" lernen. Er läßt dort Gottvater und den Teufel leibhaftig auf der Bühne erscheinen:

poetische Figuren, von ihrem religiösen Ursprung abgelöst. Dieses distanzierte Verhältnis, das weder gläubig noch frivol, weder religiös noch blasphemisch mit der christlichen Mythologie verfährt, sondern ihren ästhetischen Reiz aufzubewahren sucht, sollte als Richtschnur dienen.

Für den gemeinsamen Gesang stehen leider bisher nur wenige geeignete Lieder zur Verfügung. Es ist ein Unterschied, ob man dem Klang christlicher Weihnachtslieder lauscht und sich daran erfreut oder ob man sie selber singt und damit in einem höheren Grade sich mit dem Text identifiziert.

Als Beleg dafür, daß der Versuch eines weltlichen Weihnachtsfestes bereits in den Anfängen der deutschen Arbeiterbewegung in den vierziger Jahren des 19. Jahrhunderts gemacht wurde, sei abschließend aus einem Gedicht von Ludwig Pfau zitiert. Pfau (1821 bis 1894) war ein – heute zu Unrecht fast vergessener – politischer Dichter des deutschen Vormärz, der nach seiner Unterstützung der Revolution von 1848 in die französische Emigration gehen mußte.

WEIHNACHTSLIED

Den deutschen Arbeitern in Paris zum Bescherungsfest

> Im Kreise froher Weihnachtsgäste
> Sei uns gegrüßt, o Lichterbaum!
> Verheißung strahlten deine Äste
> Manch kindlichem Erlösungstraum.
> Doch was wir mild Beschertes fanden,
> Wie stolz das Hallelujah klingt –
> Der Heiland ist noch nicht erstanden,
> Der in die Welt die Freiheit bringt.

Kein Himmel kann das Heil uns senden,
Es fällt aus keines Gottes Schoß;
Die Menschheit muß mit eignen Händen
Erkämpfen sich ihr irdisch Los.
Er kommt in rußigen Gewanden,
Der Retter, der die Hölle zwingt –
Der Heiland ist noch nicht erstanden,
Der in die Welt die Freiheit bringt.

Schon pflanzt der Geist, der Überwinder,
Der Arbeit großen Friedensbaum,
Um den die Völker einst wie Kinder,
Sich scharen unterm Himmelsraum.
O Weihnacht! Wann er ob den Landen
die ries'gen Lichteräste schwingt –.
Dann ist in jeder Brust erstanden
Der Heiland, der die Freiheit bringt.

Anmerkung

In diesem Essay sind zwei wissenschaftliche Aufsätze von mir verarbeitet, die in der Zeitschrift „Demokratische Erziehung" (Köln) erschienen sind: „Weihnachten – das heitere mittwinterliche Friedensfest", Jahrgang 1979, Heft 6; „Alle Jahre wieder... Das Weihnachtsfest im Widerspruch", Jahrgang 1980, Heft 6. Dieser zweite Aufsatz aufwortet auf die Leserdiskussion, die in Heft 2/80 zum ersten Aufsatz geführt wurde. In beiden Aufsätzen finden sich genaue Zitatbelege und weiterführende Hinweise.

Autoren- und Quellenverzeichnis

Luis Advis, chilenischer Liedermacher und Komponist, Mitbegründer der Bewegung „Das neue chilenische Lied" und Mitarbeiter der Gruppe „Inti Illimani", lebt seit 1973 in Europa im Exil.
Wir danken dem Aufbau-Verlag, Berlin/DDR, für die Abdruckgenehmigung der „Cantata Santa Maria de Iquique" in der deutschen Übersetzung von Christel Dobenecker.

Therese Angeloff, Lyrikerin und Kabarettistin, lebt in München.

Wolfgang Beutin, Romanautor, Aphoristiker, Literaturwissenschaftler, lebt in Hamburg.

Dietrich Bonhoeffer, Theologe, wurde am 9. April 1945 im KZ Flossenbürg ermordet. „Von guten Mächten" schrieb er am 31. Dezember 1944 im Gefängnis Prinz-Albrecht-Straße in Berlin. Ein Wärter schmuggelte das Gedicht aus dem Gefängnis und vergrub es im Garten, wo es später aufgefunden wurde. Wir danken dem Verlag Christian Kaiser, München, für die Abdruckgenehmigung.

Wolfgang Borchert, antifaschistischer Autor und Kriegsgegner, geboren und aufgewachsen in Hamburg-Eppendorf, von den Nazis zum Tode verurteilt, starb 1947 an den Folgen der in der Haft erlittenen Qualen.
Wir danken dem Rowohlt-Verlag, Reinbek, für die Abdruckgenehmigung des Beitrags „Die drei dunklen Könige" aus: „Das Gesamtwerk", ©Rowohlt-Verlag 1949.

Ingrid Brase-Schloe, Lehrerin und Autorin, lebt in Tinglev, Dänemark.

Bertolt Brecht, 1898–1956, mußte Deutschland verlassen und kehrte 1948 in die spätere DDR zurück.
Wir danken dem Suhrkamp-Verlag, Frankfurt/Main, für die Abdruckgenehmigung der Gedichte „Die gute Nacht" und „Wiegenlied" aus: „Gesammelte Werke", Frankfurt/Main 1967.

Jacques Brel, französischer Liedermacher und Pazifist, mehrfach wegen seiner antimilitaristischen Lieder angeklagt, lebte in Paris.
Wir bitten den Rechtsinhaber der deutschen Übersetzung, sich an den Verlag zu wenden, weil der Verlag trotz intensiver Bemühungen nicht feststellen konnte, wer die Rechte hält.

Breyten Breytenbach, südafrikanischer Dichter, Lyriker, Essayist und Romanautor, wurde 1982 nach einer siebenjährigen Haft aus dem Zuchthaus freigelassen, lebt derzeit in Paris.
Wir danken dem Benzinger-Verlag, Zürich, für die Abdruckgenehmigung des Textes „Christnacht 1982" aus: „Augenblicke im Paradies", © Benzinger-Verlag, Zürich, Köln 1983.

Ernesto Cardenal, nicaraguanischer Lyriker und Essayist, katholischer Priester, Kulturminister des freien Nicaragua.
Wir danken dem Peter Hammer Verlag, Wuppertal, für die Abdruckgenehmigung des Textes „Lukas erzählt die Geburt Jesu" aus: „Das Evangelium der Bauern von Solentiname".

Marinella Cavel, mozambiquanische Schriftstellerin, aktiv in der Frauen-Union des Landes.

Ho Chi Minh, 1896–1969, Mitbegründer der Kommunistischen Partei Indochinas, Führer der vietnamesischen Unabhängigkeitsbewegung und erster Staatspräsident der Demokratischen Republik Vietnam, Lyriker. Sein „Lyrisches Gefängnistagebuch" schrieb er auf chinesisch.

Franz Josef Degenhardt, Liedermacher und Romanautor, lebt in Quickborn bei Hamburg.
Wir danken dem Bertelsmann-Verlag, München, für die Abdruckgenehmigung des Auszugs aus dem Roman „Zündschnüre", © C. Bertelsmann Verlag GmbH, München 1981.

John Dryden, 1631–1700, klassischer englischer Lyriker und Satiriker.

Thomas Stearns Eliot, 1888–1965, Lyriker, revolutionierte die englische Literatursprache.
Wir danken dem Suhrkamp-Verlag, Frankfurt/Main, für die Abdruckgenehmigung des Textes „Die Reise aus dem Morgenland" aus: „Gesammelte Gedichte", Frankfurt/Main 1972.

236

Ludwig Fels, sozialkritischer Lyriker und Romanautor, Reportagen aus der Arbeitswelt, lebt in Nürnberg.
Wir danken dem Luchterhand-Verlag, Darmstadt und Neuwied, für die Abdruckgenehmigung des Textes „Vom Himmel tief" aus: „Alles geht weiter", © Hermann Luchterhand-Verlag, Darmstadt und Neuwied 1977.

Erich Fried, in Wien geborener, 1938 ins Exil getriebener und seither in London lebender deutschsprachiger Schriftsteller und Übersetzer, aktiv in der Vietnam-Solidaritätsbewegung und heute einer der populärsten Lyriker.
Wir danken dem Bund-Verlag, Köln, für die Abdruckgenehmigung des Textes „Bethlehem heißt auf deutsch Haus des Brotes" aus: „Zur Zeit und zur Unzeit".

Carlos Mejia Godoy, bekanntester Volkssänger Nicaraguas.

José Luis Gonzáles, puertoricanischer Schriftsteller, lebt im Exil in verschiedenen Ländern Lateinamerikas.
Wir danken dem Fischer Taschenbuch Verlag, Frankfurt/Main, für die Abdruckgenehmigung des Textes „Der Weihnachtsmann" aus: P. Schultze-Kraft, „Kinder sind auf der Welt, um glücklich zu sein".

Oskar Maria Graf, 1894–1967, bayerischer sozialkritischer Erzähler und Volksschriftsteller, lebte seit seiner Emigration 1933 in New York.
Wir bitten den Rechtsinhaber der deutschen Rechte, sich an den Verlag zu wenden, da der Verlag trotz intensiver Bemühungen nicht feststellen konte, wer die Rechte hält.

Maxim Gorki, 1868–1936, russischer revolutionärer Schriftsteller, Mitbegründer der Weltfriedensbewegung.
Wir danken dem Aufbau-Verlag, Berlin/DDR, für die Abdruckgenehmigung des Textes „Von einem Knaben und einem Mädchen, die nicht erfroren sind".

Nicolas Guillén, kubanischer Lyriker, aktiv im Kampf gegen die Batista-Diktatur und Mitkämpfer Fidel Castros in der Revolution und beim Aufbau des neuen Kuba.
Wir danken dem Suhrkamp-Verlag, Frankfurt/Main, für die Abdruckgenehmigung des Textes „Ankunft" aus: „Gedichte", Frankfurt/Main 1982.

Hans-Jürgen Harder, 1944–1981, Lyriker, seit 1974 in verschiedenen psychiatrischen Kliniken in Hamburg.

Heinrich Heine, 1798–1856, lebte jahrzehntelang in Frankreich im Exil, Freund von Karl Marx, unter den Nazis verboten und bis heute unter den Spießern und Reaktionären unbeliebt.

Heinrich Hoffmann von Fallersleben, 1798–1874, Lyriker, Politiker und Germanist, beteiligt am „Vormärz" und an der Revolution von 1848, Autor des „Deutschlandliedes".

Nazim Hikmet, 1902–1963, türkischer revolutionärer Dichter, Mitbegründer der Kommunistischen Partei der Türkei, lebte 18 Jahre lang im Gefängnis, unter der türkischen Militärregierung sind seine Werke verboten.

Peter Huchel, antifaschistischer Lyriker, langjähriger Herausgeber von „Sinn und Form", in den siebziger Jahre Übersiedlung in die BRD und nach Italien.
Wir danken dem R. Piper Verlag, München, für die Abdruckgenehmigung des Gedichts „Dezember" aus: „Die Sternenreuse", © R. Piper Verlag, München 1981.

Agnes Hüfner, Lyrikerin, Redakteurin, lebt in Düsseldorf.

Langston Hughes, afroamerikanischer Lyriker, Mitbegründer der „Harlem Renaissance", bereiste in den dreißiger Jahren die Sowjetunion, aktiv in der Bürgerrechtsbewegung um Martin Luther King.
Wir danken dem Verlag Philipp Reclam jun., Leipzig/DDR, für die Abdruckgenehmigung des Textes „Ein Heiligabend" in der deutschsprachigen Übersetzung von Sigrid Klotz, © Verlag Philipp Reclam jun., Leipzig/DDR.

Erich Kästner, 1899–1977, Lyriker und Kinderbuchautor, wurde 1933 Augenzeuge der Verbrennung seiner eigenen Bücher, nach 1945 engagierte Mitarbeit in der Friedensbewegung. Der Verlag dankt Dr. Ulrich Constantin, München, für die Abdruckgenehmigung des Textes „Spruch für die Silvesternacht, chemisch gereinigt" aus: „Gesammelte Schriften", Atrium-Verlag 1959.

Joachim Kahl, Philosoph, Autor religionskritischer und philosophischer Schriften, aktiv in der Bewegung gegen die Berufsverbote, lebt in Marburg.

Sarah Kirsch, Lyrikerin, siedelte 1977 von der DDR in die BRD über.
Wir danken dem Langewiesche-Brandt KG Verlag, Ebenhausen, für die Abdruckgenehmigung des Textes „Zwischenlandung" aus: „Landaufenthalt".

Klabund, 1890–1928, österreichischer Erzähler und Lyriker, bedeutende Übertragungen asiatischer Literatur.

Else Lasker-Schüler, 1869–1945, jüdisch-deutsche Dichterin und Dramatikerin, Wegbereiterin des Expressionismus, emigrierte 1933 nach Palästina.
Wir danken dem Kösel-Verlag, München, für die Abdruckgenehmigung des Textes „Gebet" aus: „Sämtliche Gedichte", Kösel-Verlag, München 1966.

Patrice Lumumba, 1925–1961, zairischer Politiker und Lyriker, Gründer und Führer der kongolesischen Nationalbewegung, erster Ministerpräsident des unabhängigen Zaire, 1961 ermordet.
Wir danken dem Verlag Philipp Reclam jun., Leipzig/DDR, für die Abdruckgenehmigung des Textes „Dämmerung im Herzen Afrikas".

Rosa Luxemburg, 1870–1919, sozialistische Politikerin, Theoretikerin und Schriftstellerin, eine deutsche Jüdin aus Polen, mehrfach inhaftiert, vor allem während des ersten Weltkriegs, Mitbegründerin und zusammen mit Karl Liebknecht Vorsitzende der neugegründeten KPD, im Januar 1919 von der Reaktion ermordet.

Peter Maiwald, Lyriker und Satiriker, lebt in Neuss.
Der Verlag dankt dem Asso-Verlag, Oberhausen, für die Abdruckgenehmigung des Textes „Weihnachten".

Wladimir Majakowski, 1893–1930, wirkungsvollster Lyriker der russischen Oktoberrevolution und der jungen Sowjetunion.
Wir danken dem Verlag Volk und Welt, Berlin/DDR, für die Abdruckgenehmigung des Textes „Tannennadeln" aus der Majakowski-Werkausgabe, Band I, deutsch von Hugo Huppert, © Verlag Volk und Welt, Berlin/DDR.

James Matthews, einer der bekanntesten Lyriker und Erzähler Südafrikas, Mitarbeiter schwarzer Alternativzeitungen, von den Rassisten Südafrikas oft zensiert und mit Bann bestraft, lebt in Kapstadt.

Walter Mehring, 1896–1982, politischer Lyriker und Kabarettist, emigrierte 1933 in die Schweiz und lebte bis zu seinem Tode in Zürich. In der Bundesrepublik blieben seine Gedichte lange unbekannt und unterschätzt.
Wir danken dem Claasen-Verlag, Düsseldorf, für die Abdruckgenehmigung des Textes „Stille Fürbitte".

Jochen Meier, Mitglied des Werkkreises Literatur der Arbeitswelt, lebt im Ruhrgebiet.

Erich Mühsam, 1878–1934, revolutionärer Dichter und Lyriker, beteiligt an der Münchner Räterepublik, verurteilt zu 15 Jahren Festung, 1934 im KZ Oranienburg erschlagen.
Wir danken dem Verlag Volk und Welt, Berlin/DDR, für die Abdruckgenehmigung der Texte „Weihnachten" und „Weihnachtslied", © Verlag Volk und Welt, Berlin/DDR.

Pablo Neruda, 1904–1973, chilenischer Lyriker, Kampfgefährte Salvador Allendes, Mitbegründer und Parlamentsabgeordneter der Kommunistischen Partei Chiles. 1971 erhielt er den Nobelpreis für Literatur.

Gerd Puls, Mitglied des Werkkreises Literatur der Arbeitswelt, lebt im Ruhrgebiet.

Alexander Puschkin, 1799–1836, bedeutendster russischer Lyriker des 19. Jahrhunderts, Autor von Verserzählungen, Märchen und phantastischen Geschichten.

Pierre Reverdy, französischer Chansonsänger und Lyriker, lebt in Paris.
Wir danken dem Kösel-Verlag, München, für die Abdruckgenehmigung des Textes „Weihnachts-Paris" aus: „Quellen des Windes", Kösel-Verlag, München 1970.

Joachim Ringelnatz, 1893–1934, Lyriker und Liedermacher, Kabarettist in Hamburg und Berlin.
Wir danken dem Hensel Verlag, Berlin-West, für die Abdruckgenehmigung des Textes „Schenken".

Luise Rinser, antifaschistisch-christliche Prosaschriftstellerin, aktiv im Widerstand gegen Hitler, zwei Jahre Zuchthaus, lebt seit langem in Italien, Mitglied des Ehrenpräsidiums der VVN.
Wir danken der Autorin für die Abdruckgenehmigung der Erzählung „Der Engel lügt".

Dirk Römmer, hoch- und plattdeutscher Autor, aktiv in der christlichen Friedensbewegung, Pastor in Hamburg-St. Pauli.

Peter Schütt, Schriftsteller, bekannt geworden durch seine politische Lyrik und seine engagierten Reisebücher, lebt in Hamburg.

Bernhard Speh, Arzt, lebt in Hamburg.

Boleslav Strzelewicz, 1857–1939, kam in der zweiten Hälfte des 19. Jahrhunderts als Arbeiter aus Polen ins Ruhrgebiet, schrieb für die sozialistische Presse polnische und deutschsprachige Gedichte, Pionier des Arbeitertheaters.

Dieter Süverkrüp, Liedermacher, Komponist, Kabarettist, Grafiker, seit den Ostermärschen aktiv in der Friedensbewegung, lebt in Düsseldorf.

Kurt Tucholsky, 1890–1935, satirischer Schriftsteller, Gesellschaftskritiker, Mitarbeiter der „Weltbühne", emigrierte 1933, Freitod in Schweden.
Wir danken dem Rowohlt-Verlag, Reinbek, für die Abdruckgenehmigung der Texte „Weihnachten" und „Einkäufe" aus: „Gesammelte Werke", © Rowohlt-Verlag GmbH, Reinbek bei Hamburg 1960.

Tchikaya U Tam'si, Lyriker aus der Volksrepublik Kongo, langjähriger Mitarbeiter der UNESCO in Paris, Großer Preis des Festivals der Afrikanischen Kulturen in Dakar.
Wir danken dem Verlag Philipp Reclam jun., Leipzig/DDR, für die Abdruckgenehmigung des Textes „Durch Zeiten und Flüsse".

Ruben Vela, Lyriker und Erzähler aus Argentinien, zeitweilig im Exil.
Wir danken dem Peter Hammer Verlag, Wuppertal, für die Abdruckgenehmigung des Textes „Leben, Passion und Tod unseres Herrn Manolito" aus: Stefan Baciu (Hg.), „Der Du bist im Exil".

Erich Weinert, 1890–1953, politischer Lyriker, emigrierte 1933 in die Sowjetunion, 1943 Mitbegründer des Nationalkomitees Freies Deutschland, seit 1945 kulturpolitische Arbeit in der DDR.
Wir danken dem Aufbau-Verlag, Berlin/DDR, für die Abdruckgenehmigung des Textes „Post festum" aus: „Gesammelte Gedichte", Aufbau-Verlag, Berlin und Weimar 1970.

Max Zimmering, 1909–1973, politischer Lyriker, Lyrikpreis der „Linkskurve" 1930, seit 1933 im Exil in der Sowjetunion, 1945 zurückgekehrt in die spätere DDR, Direktor des Leipziger Literaturinstituts.

Wir danken Frau Zora Zimmering, Dresden/DDR, für die Abdruckgenehmigung des Textes „Weihnachtsgespräch im Wald".

Bildnachweis

S. 9, Theodor Hosemann, Een Dreier, det Schäfeken, 1869

S. 20, Weihnachtsabend im 19. Jahrhundert, Archiv

S. 28, George Grosz, Spießer-Spiegel, Tafel 60, Ausschnitt

S. 31, Peter Weiss, Der Arme trägt den Reichen, 1946, in: die horen 125

S. 37, Weihnachten in Literatur und Kunst, Kladderadatsch, Dezember 1925

S. 39, George Grosz, Der Weg allen Fleisches IV

S. 48, Rembrandt van Rijn, Anbetung der Hirten, um 1646, Ausschnitt

S. 58, Tecla, Gewidmet der Weltfrauenfriedenskonferenz

S. 65, Karlfried Kunz, zu dem Gedicht „Der letzte Krieg" von Peter Schütt

S. 69, Boris Brankov, Das Verenden der Tiger I

S. 74, Käthe Kollwitz, Saatfrüchte sollen nicht vermahlen werden, 1942

S. 79, Klaus Raasch, Der Friedensbaum, 1981

S. 85, Weihnachtspostkarte, Archiv

S. 103, Doris Cordes-Vollert, Baum des Friedens

S. 109, Hirtenszene, Laienmalerei aus der Slowakei, um 1960

S. 118, Otto Pankok, Jesus, aus: „Die Passion", Ausschnitt, in: die horen 129

S. 133, Pablo Picasso

S. 138, A. Paul Weber, Arbeitslose, 1939/40

S. 151, José Venturelli, aus dem Zyklus Patria Negra y Roja

S. 156, José Venturelli, ebenda

S. 167, José Venturelli, aus: Chile – ein Schwarzbuch

S. 170, Pablo Mayorga, …und alle aßen und wurden satt, aus: Die Bauern von Solentiname malen das Evangelium, Burckhardthaus-Laetare Verlag, Gelnhausen

S. 172, Olivia Silva, Ihr seid ausgegangen wie gegen einen Mörder, mich zu fangen, ebenda

S. 181, José Clemente Orozco, Christus zerstört sein Kreuz, 1943, Museo Carillo, Mexiko

S. 187, Jörg Scherkamp, Widerstand – Zyklus zu Peter Weiss' „Ästhetik des Widerstandes", Tafel 8, in: tendenzen Nr. 142, 1983

S. 191, John Muafangejo, Jesus mit seinen Jüngern, 1969

S. 195, Pablo Picasso, Kämpfer für den Frieden

S. 196, Sergej Rogalejew, Songmi 1971

S. 208, José Clemente Orozco, Orozco-Fresken, Dartmouth-College, 1932–34